Ludwig Steiger

Holzbau

Ludwig Steiger

Holzbau

BIRKHÄUSER
BASEL

Inhalt

Vorwort

Holz ist eines der elementarsten und ältesten Baustoffe der Menschheit und hat bis heute nicht an Attraktivität und Aktualität verloren. In vielen Kultur- und Klimazonen sind neben Mauerwerksbauten Wohnhäuser aus Holz die dominierende Bauweise. Holz ist ein lebendiges, leichtes und einfach zu bearbeitendes Material, aus dem sich Häuser mit ganz eigenem Charakter bauen lassen. Allerdings unterliegt der Holzbau speziellen Eigenarten, die in ihrer Bauweise nicht mit anderen Baustoffen zu vergleichen sind. Architekten benötigen daher spezifische Kenntnisse über den Baustoff Holz und über die im Holzbau verwendeten Konstruktionsregeln, um qualitative und materialgerechte Entwürfe zu entwickeln.

Neben *Basics Mauerwerksbau* und *Basics Dachkonstruktion* bietet der vorliegende Band der Studentenreihe „Basics" ein weiteres Grundlagenwerk für das Studium der Baukonstruktion. Oft sind die ersten Entwürfe im Architekturstudium Holzhäuser, da anhand dieses Materials Konstruktionsweisen und -prinzipien praxisnah erlernt werden können. Hierzu erläutert der Autor zunächst die Eigenschaften des natürlichen Baustoffs Holz und der daraus entwickelten Holzbauprodukte, um darauf aufbauend das Wissen über die gebräuchlichen Holzbausysteme und deren spezifischen Regeln zu vermitteln. Die erlernten Konstruktionsregeln werden im Folgenden auf alle Anschlüsse und Übergänge der Bauteile angewandt und an Beispielen dargestellt.

Der Band *Holzbau* ermöglicht es Studenten, mit Überblick und Detailverständnis die einzelnen Holzbausysteme voneinander abzugrenzen. Sie können mit diesem Wissen das für Ihren Entwurf sinnvollste System auswählen und konstruktiv durchgestalten.

Bert Bielefeld, Herausgeber

Einleitung

In einem Essay zur Architekturausbildung formuliert Mies van der Rohe 1937: „Wo tritt mit gleicher Klarheit das Gefüge eines Hauses oder Baus mehr hervor als in den Holzbauten der Alten, wo mehr die Einheit von Material, Konstruktion und Form? Hier liegt die Weisheit ganzer Geschlechter verborgen. Welcher Sinn für das Material und welche Ausdrucksgewalt spricht aus diesen Bauten! Welche Wärme strahlen sie aus, und wie schön sind sie! Sie klingen wie alte Lieder." Diese Aussage eines der bedeutendsten Architekten des 20. Jahrhunderts steht gleichzeitig für die Faszination und die Herausforderung des Holzbaus.

Das lebendige Material, verschiedene Holzarten, zahlreiche Holzbausysteme, der differenzierte Schichtenaufbau der Bauteile sowie deren Fügung verlangen sehr viele Kenntnisse, um diesen Baustoff angemessen in der studentischen Entwurfsarbeit anwenden zu können.

Anders, als es der Student aus dem monolithischen Massivbau gewohnt ist, geht es im Holzbau um das Konstruieren mit Stäben nach einer festen Ordnung, die auf einem bestimmten Konstruktionsraster aufgebaut ist. Für die Planung bedeutet dies neben einer größeren Systematik auch ein höheres Maß an Detaillierung und zeichnerischem Aufwand.

Dieses Buch macht den Studierenden mit den Grundlagen des Holzbaus in drei Schritten vertraut. Als erstes lernt der Leser den Baustoff Holz und seine Eigenschaften kennen, als nächstes die wichtigsten Konstruktionssysteme und deren charakteristische Verbindungen und schließlich den Aufbau und die Fügung seiner Bauteile. Im Zentrum der Betrachtungen stehen dabei einfache, überschaubare Gebäudelösungen, anhand derer sich die wesentlichen Problempunkte eines Holzgebäudes darstellen lassen. Es werden also keine weitgespannten Tragwerke, Brücken- oder Hallenkonstruktionen behandelt, für die der Holzbau hervorragend geeignet ist. Hierzu wird auf die weiterführende Literatur verwiesen.

Erwähnt werden soll aber auch eine besondere Schwierigkeit bei der Darstellung des Holzbaus, die gleichzeitig auch seine große Chance ist. Die Holzbautechnik befindet sich sozusagen im Fluss. Neben den bestehenden traditionellen Systemen bringt die Industrie sehr viele neue Werkstoffe und Technologien in den Holzbau ein.

Ziel dieses Buches ist es, dieses sehr weite Feld zu strukturieren und eine Übersicht zu schaffen. Dabei soll zunächst das gesicherte Wissen und erprobte Konstruktionen vermittelt, aber auch auf neue Baustoffe und technische Entwicklungen zumindest hingewiesen werden.

HOLZ

Einige hundert Holzarten werden weltweit in größerem Umfang genutzt. Jede davon hat ein anderes Aussehen und andere spezifische Eigenschaften. Viele werden im Ausbau und Möbelbau eingesetzt. Im Holzbau kommen relativ wenige Nadelhölzer zum Einsatz. Der Anfänger muss also für das Konstruieren mit Holz kein Holzexperte sein. Wichtig ist das Verständnis für den anatomischen Aufbau und das Wissen um die grundsätzlichen physikalischen Eigenschaften dieses Baustoffes.

Wachstum

Bei der Verwendung von Holz sollte man sich dessen bewusst sein, dass das Stück Holz, der Balken oder das Brett Teil eines pflanzlichen Organismus, eines Baumes ist, dessen Wachstum und Qualität von seiner Umgebung beeinflusst werden. Es gibt kein Stück Holz, das identisch mit einem anderen wäre. Seine Eigenschaften hängen in erster Linie von der Art des Baumes ab, in zweiter Linie aber auch von seiner Lage innerhalb des Stammes.

Aufgebaut ist der Stamm aus länglich röhrenförmigen Zellen, die für den Nährstofftransport beim Wachstum des Baumes verantwortlich sind. Baustoffe für die Zellwände, die den röhrenförmigen Hohlraum umschließen, sind Zellulose und Lignin (Kittsubstanz). Die Beschaffenheit der Zellwände und des Zellgerüsts bestimmen die Festigkeit des Holzes. Entsprechend dem Nährstoffweg von den Wurzeln über den Stamm zu den Ästen ist die Struktur des Holzes gerichtet, anders als bei Baustoffen wie unbewehrtem Beton oder Mauerstein. Man spricht auch von der Faserrichtung des Holzes.

Zellen

○

○ **Hinweis:** Das Tragverhalten eines Holzbauteils wird grundsätzlich von der Beanspruchung quer oder längs zur Faserrichtung bestimmt. Deshalb muss in den Plänen die Richtung des Einbaus angegeben werden. In der Schnittdarstellung wird durch die Schraffur deutlich gemacht, ob das Holz quer oder parallel zur Faserrichtung geschnitten ist.

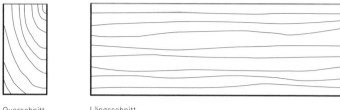

Querschnitt   Längsschnitt

Abb. 1: Schnittdarstellung Holz quer – längs

Das Wachstum der Zellen erfolgt um die Mitte des Stammes, die sogenannte Markröhre, den ältesten Teil des Stammes. Dies geschieht in jährlichen ringförmigen Wachstumsphasen, die sich in gemäßigten Klimazonen in der Regel von April bis September erstrecken. Dabei bilden sich Jahresringe.

Frühholz/Spätholz Innerhalb dieser Jahresringe baut sich im Frühjahr aus großporigen Zellen das weichere Frühholz und aus dickwandigen Zellen im Herbst das festere Spätholz auf. Der Spätholzanteil bestimmt wesentlich die Festigkeit des Holzes.

Splint/Kern Dieser Wachstumsprozess lässt sich sehr einfach am Stammquerschnitt ablesen. Je nach Holzart unterscheiden sich mehr oder weniger deutlich der äußere Bereich, das <u>Splintholz</u>, und der ältere, innere Bereich, das <u>Kernholz</u>. Der Kernbereich übernimmt keine Versorgungsfunktion und ist somit trockener als der saftführende Splintbereich. Die Unterschiede von Kern und Splint erlauben eine Einteilung der Holzarten in

- Kernholzbäume
- Reifholzbäume
- Splintholzbäume

Dabei weisen <u>Kernholzbäume</u> einen dunklen Kern und hellen Splint auf. Sie gelten als besonders witterungsbeständig. Zu ihnen zählen z. B. Eiche, Lärche, Kiefer und Nussbaum.

Bei <u>Reifholzbäumen</u> besteht zwischen Splint und Kern kein farblicher Unterschied, lediglich ein Feuchteunterschied. Beide sind gleich hell, der Kern ist trocken, der Splint feucht. Dies trifft z. B. für Fichte, Tanne, Buche und Ahorn zu.

<u>Splintholzbäume</u> dagegen weisen weder Farb- noch Feuchteunterschiede auf. Zu ihnen gehören z. B. Birke, Erle, Pappel.

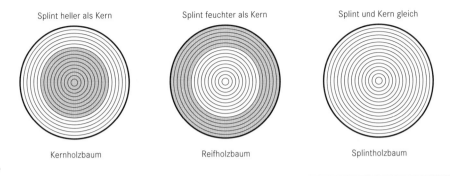

Splint heller als Kern	Splint feuchter als Kern	Splint und Kern gleich
Kernholzbaum	Reifholzbaum	Splintholzbaum

Abb. 2: Kernholz-, Reifholz-, Splintholzbaum (Stammquerschnitte)

Holzfeuchte

Fast alle physikalischen Eigenschaften des Holzes werden von seinem Feuchtegehalt beeinflusst. Davon hängen sein Gewicht, sein Brandverhalten, seine Resistenz gegenüber Holzschädlingen, sein Tragverhalten, aber vor allem seine Formbeständigkeit und Maßhaltigkeit ab.

Bei Feuchteänderung schwindet und quillt das Holz. Das Trocknen des Holzes bewirkt eine Reduzierung des Volumens und wird als Schwinden bezeichnet, während der umgekehrte Vorgang, der eine Volumenvergrößerung erzeugt, als Quellen bezeichnet wird. *Schwinden/Quellen*

Dies hängt damit zusammen, dass sowohl in den Zellhohlräumen als auch in den Zellwänden Wasser enthalten ist. Da Holz ein hygroskopisches Material ist, hat es die Eigenschaft, je nach Umgebungsklima Feuchtigkeit abzugeben bzw. aufzunehmen. Man sagt dazu auch: das Holz arbeitet.

Für Bauschnittholz muss der Feuchtegehalt angegeben werden. Dabei wird unterschieden:

Frisch	über 30% Holzfeuchte
Halbtrocken	über 20%, aber maximal 30% Holzfeuchte
Trocken	bis 20% Holzfeuchte

Bauholz sollte immer trocken eingebaut werden, nach Möglichkeit mit der Feuchte, die am Einbauort zu erwarten ist. Die Holzgleichgewichtsfeuchte gibt an, bei welchem Feuchtegehalt sich nur noch geringe Maßänderungen einstellen. Diese beträgt für Räume:

Allseits geschlossen, beheizt	$9 \pm 3\%$
Allseits geschlossen, unbeheizt	$12 \pm 3\%$
Überdeckt, offen	$15 \pm 3\%$
Allseits bewitterte Konstruktionen	$18 \pm 6\%$

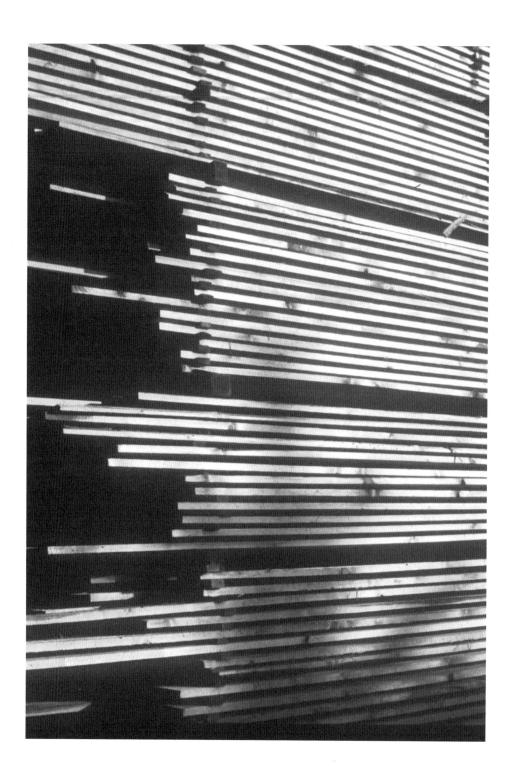

Die Holzfeuchte gibt den prozentualen Anteil des enthaltenen Wassers bezogen auf das absolut trockene Holz an. Das Arbeiten des Holzes ist allerdings kein einmaliger, abgeschlossener Vorgang, sondern vollzieht sich auch nach dem Einbau. Je nach Luftfeuchte der Umgebung, die im Winter niedriger als im Sommer ist, schwindet und quillt Holz auch im jahreszeitlichen Wechsel. ○

Schnittarten

Wegen des unterschiedlichen Wassergehalts von Splint und Kern, ebenso wie innerhalb der Jahresringe zwischen Früh- und Spätholz, kommt es zu unterschiedlichem Schwinden und damit zur Verformung des eingeschnittenen Holzes. Entscheidend dafür ist seine Lage innerhalb eines Stammes.

Entsprechend der Schnittart, tangential zum Kern oder radial, d. h. senkrecht zu den Jahresringen, unterscheidet sich das Maß der Volumenänderung. Je nach Holzart ist das Schwindmaß eines tangential

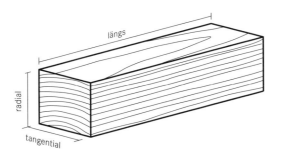

Abb. 3: Isometrie Kantholz mit radialer und tangentialer Seite

○ **Hinweis:** Eine der wichtigsten Regeln beim Konstruieren mit Holz besteht darin, das Holz immer so einzubauen, dass die Bewegungen durch das Schwinden und Quellen ermöglicht werden, z. B. durch ausreichend breite Fugen zwischen den Holzteilen. Ein Schalungsbrett sollte nach Möglichkeit nur mit einer Schraube am besten mittig oder am Rand befestigt werden, um das Arbeiten des Holzes quer zur Faserrichtung zu ermöglichen (siehe Kap. Außenwand).

geschnittenen Holzes meist mehr als doppelt so groß wie das Schwind-maß des radial eingeschnittenen Holzes. Das Schwinden in der Längs-richtung des Holzes dagegen ist vernachlässigbar gering.

Die unterschiedliche Volumenänderung bedeutet aber auch, dass aus einem Stamm rechtwinklig geschnittene Bretter oder Kanthölzer sich unterschiedlich verformen. Tangentialbretter biegen (schüsseln) sich durch die Verkürzung der ringförmig liegenden Jahresringe nach außen an der kernabgewandten Seite. Nur das mittlere Brett, das Kernbrett, bleibt gerade, wird aber im Splintbereich dünner. In Abbildung 4 ist die Volumenminderung (grau) beim Schwindvorgang von Schnittholz dargestellt.

Eigenschaften

Seine feinporige Struktur macht Holz zu einem relativ gut dämmen-den Baustoff. Die Wärmeleitzahl der Nadelhölzer Fichte, Kiefer und Tanne beträgt 0,13 W/mK, die der Laubhölzer Buche und Eiche 0,23 W/mK. Im Vergleich zu Ziegel (0,44 W/mK) oder Beton (1,8 W/mK) besitzt Holz also wesentlich bessere Wärmedämmeigenschaften als viele andere Bau-stoffe.

Die Wärmeausdehnung von Holz ist dagegen, anders als bei Stahl oder Beton, so gering, dass sie beim Konstruieren vernachlässigt wird.

Rohdichte   Wegen der geringen Rohdichte ist die Wärmespeicherfähigkeit von Holz geringer als bei massiven Baustoffen wie beispielsweise Mauerwerk oder Beton. Die Wärmespeicherzahl von Fichte und Tanne beträgt 350 Wh/m²K, von Normalbeton dagegen 660 Wh/m²K. Dies ist beson-ders beim sommerlichen Wärmeschutz ein Problem. Der Temperatur-ausgleich zwischen kühler Nacht und Erwärmung bei Tag ist im Holzbau geringer als in Massivbauten.

Die kleinere Rohdichte ist auch dafür verantwortlich, dass der Schall-dämmwert von Holz gering ist, die Schallabsorption wegen seiner offe-nen Holzzellen aber gut.

Eine Verbesserung der Wärmespeicherfähigkeit und des Schallschut-zes wird nur erreicht, wenn zusätzlich schwere Baustoffe, d. h. Materia-

○ **Hinweis:** Die kernabgewandte Seite eines tangential geschnittenen Holzes wird als linke Seite bezeichnet, während die dem Kern zugewandte Seite als die rechte Seite bezeichnet wird. Beim Verbauen des Holzes sollte die zu erwartende Verformung berücksichtigt werden.

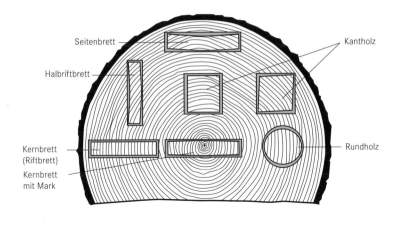

Seitenbrett

Kantholz

Halbriftbrett

Kernbrett
(Riftbrett)

Kernbrett
mit Mark

Rundholz

Abb. 4: Stammquerschnitt, Schnittarten

lien mit größerer Rohdichte eingebaut werden, wie Bauplatten aus Gipskarton oder Faserzement in den Wänden oder entsprechend schwere
Bodenbeläge.

Obwohl Holz zu den brennbaren Baustoffen (normal entflammbar)   Brandschutz
zählt, ist sein Brandverhalten nicht so ungünstig, wie es auf den ersten
Blick scheint. Ein großer Holzquerschnitt brennt mit relativ geringer Geschwindigkeit und aufgrund der sich bildenden Holzkohleschicht gleich-
mäßig von außen nach innen ab, so dass er erst nach einer gewissen Zeit
sein Tragverhalten einbüßt, ganz anders als beispielsweise ein Stahlträger,
der zwar nicht brennbar ist, sich aber bei hohen Temperaturen verformt
und sein Tragverhalten aufgibt.

Die Abbrandgeschwindigkeit von Holz ist umso geringer, je feuchter
das Holz ist. Quer zur Faserrichtung beträgt die Geschwindigkeit bei

> O **Hinweis:** Die Rohdichte gibt die Festigkeit eines
> Baustoffes an. Sie hängt vom Gewicht des Baustoffes
> ab und wird in kg/m^3 angegeben. Die Rohdichte von
> Nadelholz beträgt 450–600 kg/m^3, von europäischem
> Laubholz 700 kg/m^3, von überseeischen Laubhölzern
> bis zu 1000 kg/m^3. Im Vergleich dazu liegt Normal-
> beton bei 2000 bis 2800 kg/m^3.

Nadelholz etwa 0,6 bis 0,8 mm/min, bei Eiche etwa 0,4 mm/min. Zudem ist das Brandverhalten von der äußeren Form abhängig. Je größer die Oberfläche bei gleichem Volumen ist, desto geringer ist die Feuerwiderstandsfähigkeit. Dies wirkt sich besonders bei Schwindrissen im Vollholz aus. Deshalb ist die Feuerwiderstandsdauer von rissfreiem Brettschichtholz länger und lässt sich genauer vorausberechnen als bei Vollholz.

Bei entsprechender Dimensionierung kann Holz also durchaus Anforderungen des Brandschutzes erfüllen.

Tragverhalten

Im Gegensatz zu Mauerwerk, das für Belastung auf Druck prädestiniert ist, kann Holz fast im gleichen Maße Druck- und Zugkräfte aufnehmen. Wegen des erwähnten röhrenförmigen Aufbaus seines Zellgerüsts ist aber die Richtung des Kraftangriffes entscheidend. Parallel zur Faser, also in seiner Längsachse, kann Holz ca. viermal so viel Druckkraft aufnehmen wie quer zur Faser. Noch extremer verhält es sich bei Zugkräften. In Abbildung 5 sind die jeweiligen Festigkeitswerte für Nadelholz (S 10) als <u>zulässige Spannungen</u> in N/mm^2 nach deutscher Normierung angegeben.

Für das Konstruieren bedeutet dies, dass Holz möglichst so eingebaut werden soll, dass die Beanspruchung in seiner leistungsfähigen Längsachse erfolgt, in der es Zug- und Druckkräfte aufnehmen kann.

Generell ist das Tragverhalten vom Anteil der dickwandigen Holzzellen und damit von der Dichte des Holzes abhängig. Harte Laubhölzer, z. B. Eiche, eignen sich deshalb besonders für Druckbeanspruchung, z. B. als Schwellholz, während für Biegebeanspruchung vor allem das langfaserige Nadelholz in Frage kommt.

Sortierung Da es sich um einen gewachsenen und mit allen Unregelmäßigkeiten der Natur versehenen Baustoff handelt, ist das erwartete Tragverhalten von Bauschnittholz nicht von vornherein garantiert. Deshalb wird es nach bestimmten Merkmalen wie der Anzahl und Größe der Äste, der Faserabweichung, den Rissen, aber auch nach der Rohdichte und der Elastizität visuell und maschinell sortiert und für den Handel gekennzeichnet.

○ **Hinweis:** In Deutschland sind es die Feuerwiderstandsklassen F30 B, F60 B oder F90 B, die angeben, dass ein Bauteil für 30, 60 oder 90 Minuten seine Funktionsfähigkeit unter Brandeinwirkung beibehält.

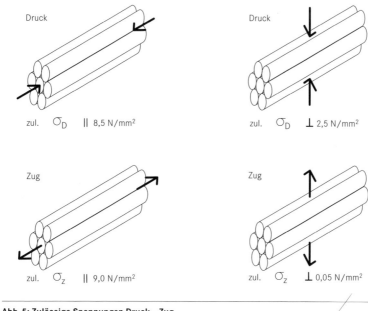

Druck σ_D $\parallel$ 8,5 N/mm²

Druck   zul. σ_D $\perp$ 2,5 N/mm²

zul. σ_D $\parallel$ 8,5 N/mm²

Zug   zul. σ_Z $\parallel$ 9,0 N/mm²

Zug   zul. σ_Z $\perp$ 0,05 N/mm²

Abb. 5: Zulässige Spannungen Druck – Zug

Tab. 1: Sortier- und Güteklassen in Deutschland

Sortierklasse	Güteklasse	Tragfähigkeit
S 13	I	überdurchschnittlich
S 10	II	üblich
S 7	III	gering

In Deutschland hat man tragendes Bauschnittholz in drei Sortierklassen bzw. Güteklassen eingeteilt, nach denen die Festigkeitswerte für statische Berechnungen angegeben werden. > Tab. 1

In anderen Ländern ist die Normierung zum Teil noch differenzierter. In Amerika werden alle Bauhölzer durch einen Stempel gekennzeichnet, der folgende Angaben macht: Güteklasse, güteüberwachende Organisation, Sägewerksnummer, Holzart, Feuchtegehalt, E-Modul, Biegefestigkeit und Verwendung.

Die Zuordnung der Hölzer auf der Baustelle und die Kontrolle durch die Bauüberwachung fallen damit wesentlich leichter.

HOLZBAUPRODUKTE

Die nachfolgend dargestellten Holzbauprodukte gehen von Vollholz und Vollholzprodukten aus und setzen sich über die Holzwerkstoffe fort, bei denen das Gefüge des Ausgangsmaterials deutlich verändert ist. Sie enden bei den Bauplatten, die andere Bindemittel und Stoffe wie Zement und Gips enthalten.

Vollholz

Der Begriff Vollholz bezeichnet entrindetes Rundholz oder Schnittholz aus Nadel- und Laubholz. Bauschnittholz ist in Sägewerken als Vorratskantholz in bestimmten Querschnittsmaßen und Längen erhältlich. Die Einteilung wird nach dem Verhältnis von Dicke zu Breite in Latten, Bretter, Bohlen und Kantholz vorgenommen. > Tab. 2

Dimensionen   Die in Tabelle 3 dargestellten Dicken und Breiten sind gängige Maße für Latten, Bretter und Bohlen. Andere Maßsysteme differieren nur unwesentlich von diesen Angaben in Millimetern.

Üblicherweise wird Bauschnittholz sägerau, also ungehobelt verwendet. Bei beidseitig gehobelten Brettern und Bohlen, z. B. bei sichtbarer Innenverwendung, sind von den angegebenen Maßen jeweils ca. 2,5 mm abzuziehen.

Die Längen reichen von 1,5 bis 6,0 m in Stufungen von 25 und 30 cm.

Das Vorratskantholz wird in ganzzahligen Zentimetermaßen als quadratische und rechteckige Querschnitte angeboten. Die in Tabelle 4 aufgeführten Querschnitte stellen Vorzugsmaße dar.

Amerikanisches Vorratskantholz basiert auf der Maßeinheit inch (25,4 mm), das dem europäischen Zoll entspricht. Ausgehend von der Mindestbreite von 2 inch ergeben sich schlanke Querschnitte, die in erster Linie auf die enge Rippenstellung des amerikanischen Holzbaus abgestimmt sind. > Kap. Holzrahmenbau und Tab. 5

Gebräuchliche Holzarten sind in Mittel- und Nordeuropa z. B. Fichte, Tanne, Kiefer, Lärche und Douglasie. In Amerika z. B. Douglasie, Red Cedar, Caroline Pine und Pitch Pine.

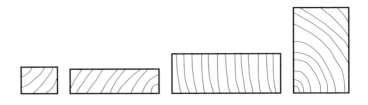

Abb. 6: Querschnitte Latte, Brett, Bohle, Kantholz

Tab. 2: Querschnitte Latte, Brett, Bohle, Kantholz

	Dicke d	Breite b
	Höhe h [mm]	[mm]
Latte	d ≤ 40	b < 80
Brett	d ≤ 40	b ≥ 80
Bohle	d > 40	b > 3d
Kantholz	b ≤ h ≤ 3b	b > 40

Tab. 3: Übliche Holzquerschnitte

Lattenquerschnitte	24/48, 30/50, 40/60
Dicken für Bretter	16, 18, 22, 24, 28, 38
Dicken für Bohlen	44, 48, 50, 63, 70, 75
Breiten für Bretter/Bohlen	80, 100, 115, 120, 125, 140, 150, 160, 175

Tab. 4: Übliche Abmessungen von Kanthölzern

6/6, 6/8, 6/12, 6/14, 6/16, 6/18
8/8, 8/10, 8/12, 8/16, 8/18
10/10, 10/12, 10/20, 10/22, 10/24
12/12, 12/14, 12/16, 12/20, 12/22
14/14, 14/16, 14/20
16/16, 16/18, 16/20
18/22, 18/24
20/20, 20/24, 20/26

Tab. 5: Größen amerikanischer Hölzer in inch

Breiten	2, 2½, 3, 3½, 4, 4½
Höhen	2, 3, 4, 5, 6, 8, 10, 12, 14, 16

Durch weitergehende Vergütung und Veredelung von Vollholz entste- Vollholzprodukte
hen folgende Vollholzprodukte.

Das Konstruktionsvollholz (KVH) wird nicht nur, wie für Vollholz üblich, nach Festigkeit, sondern auch nach Aussehen sortiert und besonders gekennzeichnet. Es erfüllt somit besondere Ansprüche, die an die

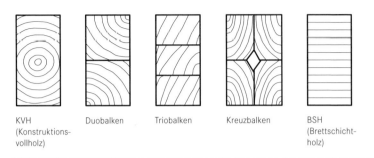

KVH
(Konstruktions-
vollholz)

Duobalken

Triobalken

Kreuzbalken

BSH
(Brettschicht-
holz)

Abb. 7: KVH, Duo-, Triobalken, Kreuzbalken, Brettschichtholz

Tragfähigkeit, das Aussehen, die Maß- und Formhaltigkeit, Holzfeuchte, Begrenzung der Rissbreite sowie die Beschaffenheit der Oberfläche gestellt werden. Durch Keilzinkung, also durch Verleimung der keilförmigen Zinken an den Enden, sind beliebige Längen möglich. Es wird in den gängigen Querschnittabmessungen von Vorratskantholz angeboten.

Ähnlich verbesserte Vollholzqualität wird mit sogenannten Duo- oder Triobalken erreicht, bei denen zwei bzw. drei Bohlen oder Kanthölzer flachseitig und faserparallel miteinander verleimt werden.

Kreuzbalken bestehen aus Viertelhölzern, die faserparallel miteinander verleimt sind. Dabei wird die Außenseite der Rundholzsegmente nach innen gewendet, so dass innerhalb der Rechtecksquerschnitte eine zentrische Röhre entsteht, die über die ganze Länge durchläuft.

Brettschichtholz (BSH) erfüllt sehr hohe Ansprüche an die Formbeständigkeit und Tragfähigkeit. Es besteht aus breitseitig, faserparallel unter Druck verleimten Brettern aus Nadelholz. Für wasserbeständige Verleimungen werden Kunstharzleime auf der Basis von Phenol, Resorcin, Melamin bzw. Polyurethan verwendet, die sich äußerlich, in unterschiedlicher Farbe der Leimfugen, von dunkelbraun bis hell abzeichnen.

Die Bretter werden vor dem Verleimen getrocknet, gehobelt und alle Holzfehler maschinell entfernt. Durch das schichtenweise Verleimen ist die Verformung des Holzquerschnitts weitgehend aufgehoben. Wegen lieferbarer Querschnittshöhen bis zu 200 cm und Längen bis zu 50 m wird Brettschichtholz häufig bei weitgespannten Tragwerken eingesetzt.

Holzwerkstoffe

Holzwerkstoffe stellen eine besonders wirtschaftliche Nutzung von Holz dar, da neben Holzteilen wie Brettern, Stäben, Furnieren und Furnierstreifen selbst Reststoffe der Holzverarbeitung wie Späne und Fasern Verwendung finden.

Die Herstellung erfolgt industriell, durch Verpressen mit Kunstharz-klebestoffen oder mineralischen Bindemitteln. Das Ausgangsprodukt erfährt auf diese Weise eine deutliche Vergütung. Die unregelmäßigen Eigenschaften des Holzes werden homogenisiert. Die statischen Eigen-schaften und ihre zulässigen Spannungen lassen sich bei Holzwerkstoffen wesentlich präziser festlegen als bei Massivholz. Auch das Schwinden und Quellen von Holzwerkstoffen ist deutlich geringer als bei Massivholz.

Holzwerkstoffe werden vorwiegend in Plattenform mit Standard- ■ abmessungen angeboten, z. B. mit einer Plattenbreite von 125 cm.

Holzwerkstoffe werden in allen Ländern nach der Art ihrer Verlei- Verleimung mung in Werkstoffklassen eingeteilt, die Auskunft geben, ob der Holz-werkstoff für eine Befeuchtung geeignet ist. In Deutschland gelten die in Tabelle 6 genannten Bezeichnungen.

Der amerikanische Holzbau kennt vier Verleimungsklassen. > Tab. 7

Tab. 6: Werkstoffklassen für Holzwerkstoffe, Bezeichnungen in Deutschland

V 20	ungeeignet gegenüber Befeuchtung
V 100	geeignet gegenüber kurzfristiger Befeuchtung
V 100 G	geeignet auch bei langfristiger Befeuchtung, geschützt gegen Pilzbefall

Tab. 7: Werkstoffklassen im amerikanischen Holzbau

Exterior	andauernde Feuchtigkeitsbeanspruchung
Exposure 1	hohe Beständigkeit in Regenperioden, nicht für dauernde Bewitterung
Exposure 2	normale Feuchtigkeitsbeanspruchung
Interior	für den geschützten Innenbereich ohne Feuchtigkeitsbeanspruchung

■ **Tipp:** Um eine ökonomische Ausnutzung der Platten zu gewährleisten, muss bei der Planung das Konstruk-tionsraster so festgelegt werden, dass möglichst wenig Verschnitt bei der Verwendung der Platten entsteht. Bei einer Plattenbreite von 125 cm ergibt der gleiche Achsabstand oder die Halbierung mit 62,5 cm, aber auch eine Drittelung mit 41,6 cm eine maximale Aus-nutzung.

Sowohl Exterior als auch Exposure 1 entsprechen der deutschen Verleimung V 100, während Interior vergleichbar ist mit V 20.

Holzwerkstoffe lassen sich nach Art ihrer Bestandteile einteilen in:

— Sperr- und Schichtholz
— Spanhölzer
— Faserholz

Sperr- und
Schichthölzer

Sperr- und Schichthölzer bestehen aus mindestens drei aufeinander geleimten Holzlagen, deren Faserrichtung kreuzweise gegeneinander versetzt ist.

Die kreuzweise Anordnung seiner Lagen, auch als Absperren bezeichnet, verhindert das Arbeiten des Holzes und gibt der Platte die entscheidende Festigkeit und Stabilität in jeder Richtung. Sperr- und Schichthölzer eignen sich deshalb besonders zur Aussteifung von Holzkonstruktionen und tragenden Wänden. Je nach Art der verwendeten Klebemittel können sie auch im Außenbereich eingesetzt werden. Allerdings sind bei Verwendung als Fassadenplatten die besonders feuchtempfindlichen Kanten abzudecken oder zu versiegeln.

Beim Furniersperrholz sind je nach Plattenstärke (8 bis 30 mm) Furniere in drei, fünf, sieben oder neun Lagen (Schichten) aufeinander geleimt. Furniersperrholz mit mindestens 5 Lagen und mehr als 12 mm Dicke wird auch als Multiplexplatten bezeichnet.

Stab- und Stäbchensperrholz, früher auch als Tischlerplatte bezeichnet, ist Sperrholz aus mindestens drei Schichten und einer Mittellage aus Leisten, die quer zu den Deckfurnieren liegt und der Platte eine besondere Tragfähigkeit verleiht.

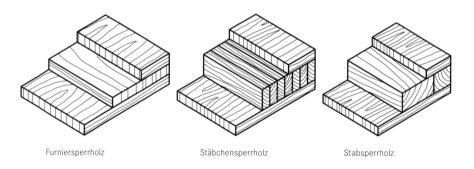

Furniersperrholz   Stäbchensperrholz   Stabsperrholz

Abb. 8: Isometrie Furniersperrholz, Stäbchensperrholz, Stabsperrholz

Zu den am häufigsten verwendeten Sperr- und Schichtholzplatten zählen:

- Bau-Furniersperrholz (BFU)
- Stab- und Stäbchensperrholz (ST, STAE)
- Drei- und Fünfschichtplatten
- Furnierschichtholz (FSH)
- Multiplexplatten

Spanhölzer nutzen die Abfallprodukte der Holzindustrie. Aus Säge- und Hobelspänen werden durch Verpressen mit Klebstoffen Platten hergestellt. Im Unterschied zu Sperrholzplatten gibt es keine durchgehenden Schichten, sondern eine kleinteilige, ungerichtete Struktur. Sie können entweder zur aussteifenden Beplankung > Kap. Aussteifung für Wände, Böden, Decken und Dächer eingesetzt oder in Fußbodenaufbauten als sogenannter Trockenestrich verlegt werden. Spanhölzer

Eine häufig im Bauwesen verwendete Spanholzplatte ist die aus relativ langen (ca. 35 × 75 mm), rechteckigen Spänen bestehende und wegen der gerichteten Struktur als „Oriented Strand Board" bezeichnete OSB-Platte. Aufgrund der in den Lagen wechselnden Richtungen besitzt sie, wie Sperrholz, gerichtete mechanische Eigenschaften. Dadurch werden sehr hohe Festigkeitswerte erreicht, doppelt bis dreifach so hoch wie bei normalen Spanplatten. OSB-Platte

Folgende Spanhölzer sind gebräuchlich:

- Flachpressplatten (FP)
- Spanstreifenholz (LSL)
- Oriented Strand Board (OSB)
- Strangpressplatten

Bei Faserholz sind die Bestandteile nochmals kleiner als bei Spanhölzern. Das Ausgangsprodukt Nadelholz ist so weit zerkleinert, dass die Holzstruktur nicht mehr erkennbar ist. In unterschiedlichen Verfahren mit und ohne Druck sowie mit und ohne Klebstoff liefert die Herstellung im Nassverfahren ohne Bindemittel: Faserholz

- Holzfaserdämmplatten (SB.W)
- Poröse Holzfaserplatten (HFD)
- Bituminierte Holzfaserplatten (BPH)
- Mittelharte Holzfaserplatten (HFM)

Im Trockenverfahren unter Beigabe von Klebstoffen:

– Mitteldichte Faserplatten (MDF)
– Hochdichte Faserplatten (HDF)
– Harte Holzfaserplatten (HFH)

Dabei handelt es sich bei den Platten im Nassverfahren hauptsächlich um Weichfaserplatten für die Verwendung im Innenausbau als Schall- und Wärmedämmung und als Dachschalung. Dagegen erfreuen sich mitteldichte Faserplatten (MDF) wegen des homogenen Aufbaus großer Beliebtheit im Möbelbau und Innenausbau. Hochdichte (HDF) und harte Faserplatten (HFH) werden vorrangig als Fassadenverkleidung eingesetzt.

Bauplatten

Plattenwerkstoffe, die im Gegensatz zu den organisch gebundenen Holzwerkstoffen anorganisch gebunden sind, werden als Bauplatten bezeichnet. Das Ausgangsprodukt Holz ist nur noch in Anteilen oder gar nicht mehr vorhanden. Sie unterteilen sich in

Platten mit dem Bindemittel Zement:

– Zementgebundene Spanplatten
– Faserzementplatten

und Platten mit dem Bindemittel Gips:

– Gipsgebundene Spanplatten
– Gipskartonplatten
– Gipsfaserplatten

Zementgebundene Platten zeichnen sich in erster Linie durch hohe Wetterfestigkeit, Frostbeständigkeit und Resistenz gegen Pilz- und Insektenbefall aus. Sie werden darum vorwiegend als Fassadenmaterial bis hin in den erdberührten Sockelbereich eingesetzt. Sie eignen sich aber auch als aussteifende und mittragende Beplankung im Holzbau.

Gipsgebundene Platten dagegen finden fast ausschließlich im Innenbereich Verwendung, Gipskartonplatten vorzugsweise als Wand- und Deckenverkleidung, Gipsfaserplatten häufig mehrlagig auch als Estrich in der Fußbodenkonstruktion. Zur Beplankung der Außenseite von Wänden sind Gipskarton- und Gipsfaserplatten nur zugelassen, wenn ein dauerhaft wirksamer Wetterschutz gewährleistet ist.

HOLZSCHUTZ

Im Gegensatz zu den mineralischen Baustoffen Mauerwerk und Be- Schädlinge
ton ist der organische Baustoff Holz von pflanzlichen Schädlingen (Pilzen) und tierischen Schädlingen (Insekten) gefährdet. Bei Befall kann die äußere Gestalt, aber auch die Tragfähigkeit bis zur völligen Zerstörung des Gebäudes herabgesetzt werden. Dem Holzschutz kommt deshalb eine übergeordnete Rolle im Holzbau zu.

Pilze benötigen für ihre Entwicklung Zellulose. Sie gedeihen besonders in feuchten, warmen, von der Luft abgeschlossenen Bereichen. Für die dabei entstehende Holzfäule ist eine Holzfeuchte von mindestens 20% notwendig.

Insekten, in erster Linie Käfer, nutzen das Holz im Splintbereich vorwiegend von Nadelholz als Nahrung und Behausung für ihre Larven. Zu den gefährlichsten Holzzerstörern zählen die Termiten. Sie leben hauptsächlich in den Tropen und Subtropen, aber auch in Amerika und im südeuropäischen Mittelmeerraum. Der Termitenbefall ist äußerlich nicht wahrnehmbar, da Termiten im Inneren des Holzes ein Gangsystem errichten, um Feuchtigkeitsverluste zu vermeiden. Befallene Häuser oder Möbel brechen bei Belastung plötzlich zusammen.

Der Holzschutz wird unterschieden in bekämpfenden für bereits befallenes Holz und vorbeugenden Holzschutz, der den Schädlingsbefall verhindern soll.

Für die Planung von Holzbauten ist in erster Linie der vorbeugende Holzschutz von Bedeutung. Dabei stehen grundsätzlich drei Maßnahmen zur Verfügung:

— Holzauswahl
— Konstruktiver Holzschutz
— Chemischer Holzschutz

Holzauswahl

Bei der Holzauswahl sollte nur gut getrocknetes und abgelagertes Holz berücksichtigt werden. Es ist darauf zu achten, dass die Holzfeuchte unter 20% liegt.

In vielen Ländern werden außerdem in einer Klassifizierung die Holzarten angegeben, die eine natürliche Widerstandsfähigkeit gegen Zerstörung besitzen. Dazu gehören z. B. das Kernholz > Kap. Wachstum von Teak, Greenhart, Bongossi, Eiche und Robinie. In Amerika handelt es sich um Kernholz von Black Locust, Black Walnut und Redwood. Diese Hölzer können ohne chemischen Holzschutz an Bauteilen eingesetzt werden, wo mit einer besonderen Feuchtebeanspruchung zu rechnen ist. Für Erdkontakt ist aber ein chemischer Holzschutz unverzichtbar.

Konstruktiver Holzschutz

Beim konstruktiven Holzschutz ist vor allem der Planer gefordert. Der Entwurf, aber besonders die Detailgestaltung sollte so ausgelegt sein, dass eine dauerhafte Durchfeuchtung von Holz und Holzbauteilen vermieden wird. Im Kapitel Bauteile wird in den Details für Sockel, Fenster und Dachrand nochmals auf dieses Thema eingegangen.

Chemischer Holzschutz

Chemischer Holzschutz sollte nur dann eingebracht werden, wenn andere Mittel des vorbeugenden Holzschutzes ausgeschöpft sind.

Als chemische Holzschutzmittel kommen wasserlösliche, lösemittelhaltige oder ölige Anstriche oder Imprägnierungen in Frage. Das Einbringen der Holzschutzmittel sollte zur Vermeidung von Umweltbelastungen in geschlossenen Anlagen, z. B. durch Kesseldruckverfahren oder Trogtränkung, erfolgen. Auf der Baustelle dürfen nur Schnittflächen und Bohrlöcher behandelt werden.

Der Einsatz chemischer Holzschutzmittel richtet sich nach der statischen Funktion der Bauteile. Danach werden unterschieden:

– Tragende und aussteifende Holzbauteile
– Nichttragende, nicht maßhaltige Hölzer
– Nichttragende, maßhaltige Hölzer für Fenster und Türen

Für tragende Bauteile ist der vorbeugende Holzschutz notwendig. Ob dieser als chemischer Holzschutz erfolgt, entscheidet sich je nach Landesrecht z. B. nach dem Grad der Gefährdung und der entsprechenden Zuordnung zu einer Gefährdungsklasse.

Unter bestimmten baulichen Voraussetzungen und bei Verwendung resistenter Holzarten kann je nach Gefährdung auf einen chemischen Holzschutz verzichtet werden.

■ **Tipp:** Als Konstruktionsregel nicht nur beim Holzbau, aber hier besonders, gilt:

1. Abhalten von Feuchtigkeit (Dachüberstände, Rücksprünge, Tropfkanten)

2. Ablaufen von Wasser gewährleisten (Neigung horizontaler Flächen)

3. Ablüften von durchfeuchtetem Holz (Hinterlüftung)

Als Hilfestellung merkt man sich dreimal den Buchstaben A.

○ **Hinweis:** Der höchsten Gefährdung unterliegen Holzbauteile mit Erdkontakt. Erdberührung und damit dauerhafte Durchfeuchtung von Holz sollte in jeder Konstruktion vermieden werden. Charakteristisch für Holzkonstruktionen ist eine Sockelzone von ca. 30 cm, die das Holzgebäude vom Gelände trennt.

Nichttragende, aber <u>maßhaltige Bauteile</u> sind Fenster und Außen-
türen, die zur Erhaltung ihrer Gebrauchstauglichkeit nur geringe Maß-
toleranzen zulassen. Sie bedürfen eines besonderen Feuchteschutzes.
Bei Verwendung von Kernholz bestimmter Dauerhaftigkeitsklassen kann
auf einen chemischen Holzschutz aber verzichtet werden.

Nichttragende und <u>nicht maßhaltige Bauteile</u> sind nicht auf die Ein-
haltung enger Formtoleranzen angewiesen. Zu ihnen zählen beispielsweise überlappende Bretterschalungen, Zäune und Pergolen. Sie können
ohne Holzschutz und ohne Farbbeschichtungen ausgeführt werden, so-
fern ein Vergrauen in Kauf genommen wird. Besonders aber im Innenausbau sollte auf keinen Fall chemischer Holzschutz großflächig angewandt werden.

Konstruktion

„Holzhäuser müssen konstruiert werden, Steinhäuser können gezeichnet werden", hat der Schweizer Architekt Paul Artaria geschrieben. Mit dieser etwas provozierenden Aussage soll nicht etwa dem Mauerwerksbau eine konstruktive Gesetzmäßigkeit abgesprochen, sondern eher auf die Besonderheit des Konstruierens mit Holz hingewiesen werden, auf die Logik stabförmiger Fügung und auf die Systematik des Gefüges von Holzkonstruktionen.

STANDSICHERHEIT

Für die elementare Forderung nach Standsicherheit bietet der Holzbau gleich mehrere Antworten bzw. Bausysteme an, mit spezifischen Tragmechanismen und dazugehörigen Knotenausbildungen an den Schnittpunkten des Kräfteverlaufs. Bevor in diesem zweiten Teil des Buches die wichtigsten Holzbausysteme vorgestellt werden, soll kurz auf die statischen Voraussetzungen von Tragsystemen eingegangen werden.

Tragsystem

Die Standsicherheit einer Konstruktion oder eines Gebäudes hängt von verschiedenen Faktoren ab. Zum einen muss der verwendete Baustoff ausreichend tragfähig und entsprechend dimensioniert sein, um die Vertikallasten aus Wänden, Decken und Dach aufnehmen zu können. Aber auch der Baugrund muss so beschaffen sein, dass er die Lasten tragen kann.

Neben den Vertikallasten treten an einem Gebäude auch horizontale Kräfte auf, hauptsächlich aus Windkräften, aber auch aus Anpralllasten, die auf das Gebäude in horizontaler Richtung einwirken.   ○

Aussteifung

Einer der Möglichkeiten zur Aufnahme der Horizontallasten ist die Einspannung. > Abb. 10 Dazu werden die Stützen biegefest in das Fundament eingelassen, um ein seitliches Ausweichen oder eine Verformung zu verhindern. Die einfachste und ursprünglichste Form der Einspannung ist das Einrammen der angespitzten Holzstütze in den Baugrund. Im Stahl-

○ **Hinweis:** Ausführlich dargestellt ist die Thematik in *Basics Tragsysteme* von Alfred Meistermann, erschienen im Birkhäuser Verlag, Basel 2007.

betonbau hat sich die Einspannung der Betonstützen in köcherartige Fundamente bewährt. Bei Holzstützen ist diese Art der Gründung in Hinsicht auf den Holzschutz problematisch.

Die adäquate Gebäudeaussteifung im Holzbau ist die Ausbildung von <u>Wand- und Deckenscheiben</u>, die in den drei räumlichen Richtungen zu einem steifen Gefüge zusammengeschlossen werden. Man stellt sich dazu einen Karton aus Pappe vor, dessen Seitenwände sich noch relativ leicht zu einer Rautenform verschieben lassen, solange der Deckel fehlt. Erst wenn die dritte Scheibe, der horizontale Deckel, aufgebracht ist, liegt
○ ein stabiler, ausgesteifter Korpus vor. > Abb. 9

Dreiecksverband
Das Grundelement einer ausgesteiften Fläche ist das unverschiebliche Dreieck. Im Holzbau bietet sich relativ einfach die Möglichkeit, Stäbe zu einem Dreieck zusammenzuschließen. Man bezeichnet dies als einen Dreiecksverband. Der Rechteckrahmen der Wand wird damit zur unverschieblichen Scheibe. In Abbildung 10 sind die verschiedenen Möglichkeiten der Scheibenausbildung dargestellt: a) mit zwei <u>Druckstreben</u>, deren Zuständigkeit je nach Richtung des Kraftangriffs alterniert. b) Bei der <u>Druck-/Zugstrebe</u> wechselt die Beanspruchung von Druck auf Zug mit dem Richtungswechsel des Kraftangriffs. c) Die <u>Zugseile</u> aus Stahl können nur auf Zug beansprucht werden. Auch hier wechselt mit der Richtung des Kraftangriffs die Zuständigkeit des einen oder anderen Seils.

Eine Dreieckswirkung lässt sich auch mit flächigen Elementen, einer diagonalen Bretterschalung oder durch <u>Beplankung</u> mit zur Aussteifung zugelassenen Holzwerkstoffplatten erreichen.

Diese Maßnahmen haben den Holzbau gestalterisch geprägt. Die nachfolgend dargestellten Holzbausysteme können darum auch nach Art ihrer Wandaussteifung unterschieden werden. Am deutlichsten sichtbar sind die Dreiecksverbände in historischen Fachwerkbauten. Aber auch im modernen Skelettbau gehört die Auskreuzung mit Stahlseilen häufig zum charakteristischen Detail.

○ **Hinweis:** Ein flächiges Bauteil (Wand oder Decke) wird im statischen Sinne als Scheibe bezeichnet, wenn es in seiner Längsachse Kräfte aufnimmt, ohne sich zu verformen. Der Widerstand gegenüber der gleichen Kraft aus der Querrichtung ist wesentlich geringer, es kommt zur Durchbiegung. Das Bauteil wird dann als Platte beansprucht. Je nach Kraftangriff entscheidet sich, ob ein flächiges Bauteil als Scheibe oder als Platte wirkt (siehe Abb. 9).

Abb. 9: Schema Platte – Scheibe

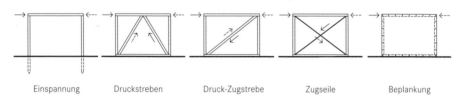

Einspannung　　Druckstreben　　Druck-Zugstrebe　　Zugseile　　Beplankung

Abb. 10: Wandaussteifungssysteme

HOLZBAUSYSTEME

Bauweisen entwickeln sich aus unterschiedlichen Bedingungen, aus dem Klima, den kulturellen Eigenheiten, aus der Verfügbarkeit von Material, den Werkzeugen und dem Stand des handwerklichen Könnens. Während im holzarmen Süden Europas sich der Steinbau entwickelte, brachte der waldreiche Norden den Holzbau hervor. Aber auch hier haben sich je nach Region im Holzbau Unterschiede herausgebildet. In den Bergregionen der Alpen und Mittelgebirge, aber auch in Nordeuropa hat sich mit dem Reichtum an geradstämmigen Nadelhölzern der Blockbau aus massiven Holzwänden entwickelt. Dagegen brachte der überwiegende Bestand von Laubhölzern in Mittel- und Osteuropa den Fachwerkbau hervor.

Neue Technologien und Werkstoffe haben in Europa den Holzbau im 19. Jahrhundert, aber besonders im 20. Jahrhundert, erheblich verändert. Der Ingenieurbau hat die handwerklichen Verbindungen zu hochwertigen, den Querschnitt der Hölzer besser nutzenden Verbindungsmitteln aus Stahl weiterentwickelt. Diese werden vorwiegend im Skelettbau eingesetzt. In Nordamerika hat sich die Rippenbauweise als sogenannter Holzrahmenbau mit einfachen Nagelverbindungen etabliert.

Gegenwärtig bringt die Holzindustrie immer neue Materialien und Werkstoffe auf den Markt. Neue Transportmöglichkeiten und die gestiegenen Anforderungen an den Wärmeschutz tragen dazu bei, den Holzbau weiterhin zu verändern.

Die Geschichte des Bauens mit Holz ist bis heute die Geschichte von stabförmigen Konstruktionsprinzipien, vom Block- über Fachwerk- und Rahmenbau bis hin zum Skelettbau. Die Kenntnis und das Verständnis der nachfolgend dargestellten Holzbausysteme ist deshalb grundlegende Voraussetzung für das Konstruieren mit Holz, auch wenn in Zukunft neue, in erster Linie plattenförmige Systeme die Möglichkeiten des Holzbaus erweitern werden.

Blockbau

Für den Blockbau findet sich in der Fachliteratur auch der Begriff „Strickbau", weil sich seine Balken am Ende überkreuzen, also verstricken. Charakteristisches Merkmal des Blockbaus ist der hohe Holzverbrauch und das große Setzmaß der waagrecht aufeinander gelegten Stämme. Es eignen sich besonders geradstämmige, regelmäßig gewachsene Nadelhölzer. Die Wände waren ursprünglich aus Rundstämmen konstruiert, die an den Lagerflächen leicht abgeflacht waren. Die Fugen zwischen den Stämmen wurden mit Moos, Hanf oder Wolle abgedichtet.

An den Ecken und an einbindenden Querwänden werden die Hölzer überblattet und in der Regel zusätzlich mit einer Verkämmung zugfest miteinander verankert. Die Balken sind dabei um die halbe Höhe gegeneinander versetzt. Durch diese kammartige Verschränkung entsteht eine Art Verband zwischen den beiden Wänden. > Abb. 11

Mit der Qualität der Werkzeuge nahm auch der Grad der handwerklichen Bearbeitung zu. Die Fugen konnten mit Nut und Feder besser geschlossen werden. Die Verwendung von Kanthölzern statt Rundhölzern sorgte für einen gleichmäßigen Wandquerschnitt. Heute sind die Balken aufwendig profiliert. > Abb. 12

Verbindungen   Charakteristische Verbindungen im Blockbau sind: Nut und Feder zwischen den lagernden Stämmen, Blatt und Kamm bei überbindenden Wänden an den Gebäudeecken sowie zugfeste Schwalbenschwanzverbindungen der in die Außenwand einbindenden Innenwände. > Abb. 45, Seite 74

Der Wandquerschnitt aus einfachen Balken genügt dem heute geforderten Wärmeschutz nicht mehr. Moderne Blockbauten erhalten deshalb eine zusätzliche Wärmedämmung, die zur Vermeidung von Tauwasserbildung am besten außenseitig angebracht wird. Die für den Blockbau kennzeichnende Ansicht horizontal gelagerter Hölzer wird dann nur mit einer zusätzlichen Schale aus Bohlen erreicht, die gleichzeitig als Wetterschutz vor der Wärmedämmung notwendig ist. Mittlerweile bietet die Holzindustrie mehrschichtige Blockbauwände in Form von Sandwichelementen aus Bohlen und Dämmlagen an.

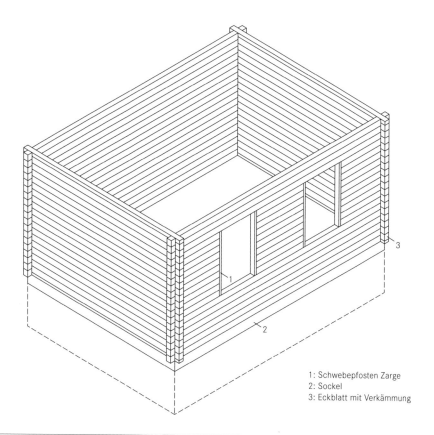

1: Schwebepfosten Zarge
2: Sockel
3: Eckblatt mit Verkämmung

Abb. 11: Isometrie Blockbau

O **Hinweis:** Das Blatt ist eine Verbindung, bei der die Hölzer jeweils um die Hälfte ausgenommen und flächenbündig zusammengeschlossen werden. Bei zusätzlicher Auskerbung als Kamm können Zugkräfte aufgenommen werden – ebenso wie durch die konische Form eines Schwalbenschwanzes.

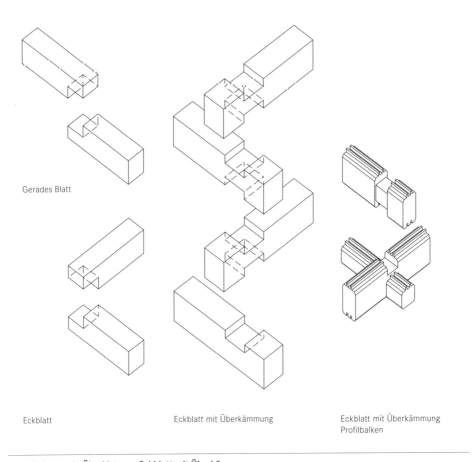

Gerades Blatt

Eckblatt

Eckblatt mit Überkämmung

Eckblatt mit Überkämmung
Profilbalken

Abb. 12: Isometrie Überblattung-Eckblatt mit Überkämmung

Setzung · Die Druckbeanspruchung der Balken quer zur Faser hat ein hohes
<u>Setzmaß</u> des Blockbaus zur Folge, das pro Geschoss 2 bis 4 cm betragen
kann. Dieses Maß muss bei allen Fenstern und Türen berücksichtigt werden. Die in die Wandöffnungen zur Sicherung der Balken eingebauten
senkrechten Zargen bzw. Pfosten („Schwebepfosten") werden deshalb
am oberen Ende so weit ausgenommen, bis sie die Setzung der Wand
ohne Zwängungen aufnehmen können. > Abb. 13 Dasselbe Setzmaß muss
in einer verdeckten Fuge zwischen Fensterrahmen und Sturz berücksichtigt werden. Aus dem gleichen Grund dürfen alle senkrecht durch das Gebäude laufenden Stränge wie Kamin oder Installationsleitungen nicht

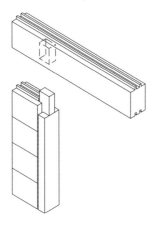

Abb. 13: Fensteröffnung mit Schwebepfosten und Setzungsfuge

Abb. 14: Blockbau – Außenecke, Innenwandanschluss, Fensteröffnung

starr, sondern nur beweglich an das Gebäude angeschlossen werden. Der auf den ersten Blick eher primitiv wirkende Blockbau setzt also sehr viel handwerkliches Können und Erfahrung voraus.

Beim Entwurf legt die Blockbauweise eine starre, orthogonale, möglichst einfache Grundrissanordnung nahe. Die Fassadengestaltung sollte berücksichtigen, dass durch möglichst kleine und wenige Öffnungen das Wandgefüge nicht zu sehr gestört wird. Eine Lochfassade, ähnlich, wie man sie aus dem klassischen Mauerwerksbau kennt, wäre das treffende Gestaltungselement des Blockbaus, der seinem Wesen nach der Massivbauweise zuzuordnen ist. > Abb. 14

Fachwerkbau

Der Fachwerkbau stellt eine Bauweise dar, bei der der Kräfteverlauf der Konstruktion deutlich ablesbar ist. Gelegentlich wird er deshalb in der Fachliteratur als „Stil der Konstruktion" bezeichnet. Die sichtbare Unterscheidung von tragenden und nichttragenden Teilen, von Konstruktionshölzern und füllenden Wandelementen macht den besonderen optischen Reiz dieser Konstruktion aus.

Ausfachung

Der zwischen den tragenden Pfosten verbleibende Raum wird als Gefach bezeichnet. Die Ausfachung historischer Fachwerke erfolgte mit Mauerwerk oder mit Lehm auf Weidengeflecht. Heute zwingt der geforderte Wärmeschutz zur Ausfachung mit Wärmedämmung, die nach außen eine Verschalung als Witterungsschutz erhält, aber auch nach innen eine Verkleidung erfordert.

Da die Ausfachung nicht mitträgt, kann die Fachwerkwand in den Gefachen ohne weiteres auch geöffnet werden. Fenster können zwar nicht beliebig, aber in Abstimmung mit dem Konstruktionsraster in großer Zahl gesetzt werden. Die Innenräume von Fachwerkbauten können somit besser mit Tageslicht versorgt werden als die Räume in Blockbauten.

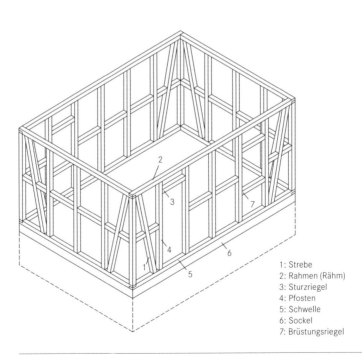

1: Strebe
2: Rahmen (Rähm)
3: Sturzriegel
4: Pfosten
5: Schwelle
6: Sockel
7: Brüstungsriegel

Abb. 15: Isometrie Fachwerkbau

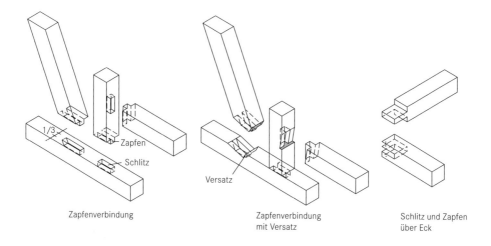

Zapfen

Schlitz

1/3

Versatz

Zapfenverbindung

Zapfenverbindung
mit Versatz

Schlitz und Zapfen
über Eck

Abb. 16: Isometrie Zapfen und Versatz, Zapfenverbindung über Eck

Typische Verbindung im Fachwerkbau sind Schlitz und Zapfen, mit der die Hölzer flächenbündig zusammengeschlossen werden. Zur besseren Kraftübertragung wird häufig zusätzlich ein Versatz ausgebildet. Die liegenden Schwellen und Rahmen sind ebenfalls mit Schlitz und Zapfen oder mit einem Eckblatt > Kap. Blockbau zusammengeschlossen. > Abb. 16

Kennzeichnend für die Konstruktionsweise von Fachwerken ist der stockwerksweise Aufbau der senkrechten Pfosten, horizontalen Riegeln und diagonalen Streben, die an der Unterseite von der Schwelle und an der Oberseite von einem Rahmen („Rähm") zusammengefasst werden. Da die Hölzer in erster Linie auf Druck beansprucht werden, sind quadratische Querschnitte mit den Maßen 10/10, 12/12 oder 14/14 cm gebräuchlich. Für Schwelle und Rahmen werden häufig auch liegende Rechtecksquerschnitte verwendet.

Verbindungen

○

Querschnitte

○ **Hinweis:** Bei einer Zapfenverbindung werden die Hölzer mit einer Drittelung so ausgekerbt, dass sich Zapfen und Schlitz ineinander fügen. Um die tragenden Holzquerschnitte nicht zu sehr zu schwächen, sollte der Schlitz in der Regel nicht tiefer als 4 cm sein.

Es existieren auch Fachwerkkonstruktionen, die über zwei oder mehr Geschosse durchlaufen. Das Setzungsmaß, das ohnehin wesentlich geringer als im Blockbau ist, weil lediglich mit der Schwelle und dem Rahmen horizontale Hölzer eingebaut sind, reduziert sich damit nochmals erheblich.

Decke   Die Deckenbalken liegen auf dem Rahmen und sind bei unverkleideten Fachwerken außen durch die Balkenköpfe sichtbar. Darauf wird das Fachwerk des nächsten Geschosses, beginnend wieder mit der Schwelle, errichtet. Bei Fachwerken, bei denen die Tragkonstruktion über zwei oder mehrere Geschosse durchläuft, muss die Decke zwischen die Wände gehängt werden. > Abb. 50, Seite 79

Historische Fachwerke sind aus Harthölzern, vorzugsweise Eichenholz, konstruiert. Die Konstruktionsweisen variieren je nach Region. In Deutschland unterscheidet man beispielsweise das fränkische, alemannische und sächsische Fachwerk. Auch die Konstruktionsteile werden oft regional unterschieden und anders benannt.

Raster   Der Achsabstand der Pfosten liegt in der Regel bei 100 bis 120 cm. Die Historie des Fachwerkbaus weist aber sowohl engere als auch erheblich weitere Achsmaße auf. Trotz aller konstruktiver Gebundenheit hat der Fachwerkbau vielerlei gestalterische Möglichkeiten eröffnet, die nicht nur konstruktiv, sondern auch gestalterisch genutzt wurden. Der Denkmalschutz versucht, den Formenreichtum historischer Fachwerkbauten zu sichern und für die Stadtbilder zu erhalten. Beim Bauen im Bestand sind deshalb für den Architekten Kenntnisse über die Konstruktionsprinzipien des historischen Fachwerkbaus unerlässlich.

Im modernen Fachwerkbau bringen die zahlreichen Pfosten, Streben und Riegel das Problem eines hohen Fugenanteils, was einen besonderen Aufwand bei der Ausfachung mit Wärmedämmung bedeutet. Der ursprünglich hohe handwerkliche Aufwand bei den Holzverbindungen wird jedoch heute durch maschinelle, über Computer gesteuerte Fräsung kompensiert.

Holzrahmenbau (Rippenbau)

Der Ursprung der Holzrahmenbauweise liegt in Nordamerika. Die rasche Besiedelung des Landes entlang der neuen Eisenbahntrassen verlangte nach einer einfachen, wirtschaftlichen Bauweise, die sich in kurzer Zeit umsetzen ließ. Mit dem Material Holz stand ein Baustoff zur Verfügung, der für alle Klimabereiche des Kontinents geeignet war.

Bereits in der ersten Hälfte des 19. Jahrhunderts begannen industrielle Techniken, Einfluss auf den Holzbau zu nehmen. Dampfbetriebene Sägewerke und von Maschinen geschnittene Nägel veränderten den bis dahin vom europäischen Fachwerkbau geprägten Holzbau.

Statt vieler unterschiedlicher Holzquerschnitte setzten sich einheitliche, bohlenartige Querschnitte durch. An die Stelle aufwendiger hand-

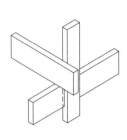

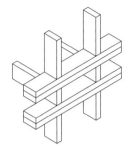

Knoten Balloon Frame   Knoten Platform Frame

Abb. 17: Isometrie Knoten Ständerbau – Holzrahmenbau

werklicher Verbindungen traten einfache Nagelverbindungen, die ohne Spezialwerkzeuge in einer Art Do-it-yourself-Bauweise leicht auszuführen waren. Dabei wurden die schlanken Holzquerschnitte seitlich aneinander genagelt. Das enger als im Fachwerkbau stehende Gerippe war gebäudehoch. Die Bezeichnung „Balloon Frame" bezog sich, zunächst als Spottname, auf die ungewöhnliche Leichtigkeit der Konstruktion. In Europa wurde diese Bauweise unter dem Begriff Ständerbauweise bekannt. Die Nachteile des Ständerbaus, die schwierigere Holzbeschaffung und das erschwerte Aufrichten der hohen Konstruktionselemente sowie Probleme der Schallübertragung der über die Geschosse durchlaufenden Ständer, führten zu einer geschossweisen Bauweise, die in Amerika unter der Bezeichnung „Platform Framing" bekannt wurde. Die Bodenplatte oder Geschossdecke dient dabei jeweils als Arbeitsbühne für den Zusammenbau der Rahmen.

Der Holzrahmenbau hat sich aus dem „Balloon Frame" oder Ständerbau entwickelt. Man versteht darunter eine Bauweise aus Wandelementen, die noch am Boden liegend zu Rahmen zusammengebaut werden. In der Regel sind die Rahmen geschosshoch. Es gibt aber auch Beispiele mit zweigeschossigen Holzrahmen.

Wegen der engen Stützenstellung und der schmalen, bohlenartigen Querschnitte werden der Holzrahmenbau mit „Balloon Frame" und Ständerbau häufig unter dem Überbegriff Rippenbauweise zusammengefasst. Rippenbau

Die moderne Architektur zu Beginn des 20. Jahrhunderts in Europa war in erster Linie auf das Material Beton fixiert. Der Holzrahmenbau setzte sich deshalb erst in den 1980er Jahren durch, als man sich auf der Suche nach kostengünstigeren Baumethoden des amerikanischen Holzbaus entsann. Aus dem amerikanischen Standardmaß „Two by Four" Querschnitte

39

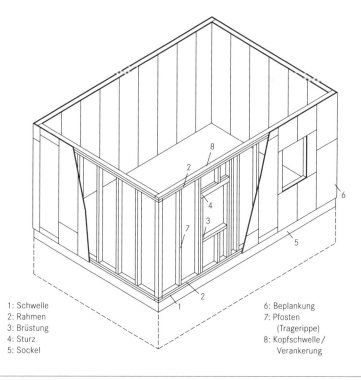

1: Schwelle
2: Rahmen
3: Brüstung
4: Sturz
5: Sockel

6: Beplankung
7: Pfosten
   (Tragerippe)
8: Kopfschwelle /
   Verankerung

Abb. 18: Isometrie Holzrahmenbau

○ inches wurden 6 × 12 cm in Europa und damit etwas kräftigere Holzquerschnitte als das amerikanische Maß, das etwa 5 × 10 cm entspricht.

Verbindungen   Die charakteristische Holzverbindung im Holzrahmenbau ist der
stumpfe Stoß der Hölzer. Der Verbund wird durch Nagelung hergestellt.

○ **Hinweis:** „Two by Four" (inches) ist ein bewährtes
Querschnittsmaß im Holzrahmenbau, das sich vielfach
einsetzen und kombinieren lässt. Gelegentlich steht
der Begriff „Two by Four" als Bezeichnung für den Holzrahmenbau selbst. Der erhöhte Dämmstandard im
mitteleuropäischen Klimabereich führt heute meist zu
einer Verstärkung des Querschnitts, also zu einem
Seitenverhältnis von eher „Two by Six".

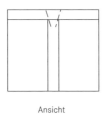 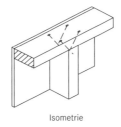

Ansicht   Isometrie

Abb. 19: Nagelung stumpfer Stoß

Durch schräges Nageln soll beim Querstoß möglichst viel Verbund quer
zur Faserrichtung erreicht werden. Durch die Beplankung mit Werkstoff-
platten erhält die Verbindung erst seine Steifigkeit, und die Nägel werden zusätzlich gegen Herausziehen gesichert. > Abb. 19

Die enge Rippenstellung der Holzrahmenbauweise mit ihrem Klein-   Raster
raster ist meist auf die Plattenbreite der aussteifenden Beplankung abgestimmt. Ein gängiges Achsmaß ist 62,5 cm. > Kap. Holzwerkstoffe Auch die
Lieferbreiten von Dämmstoffen können den Ausschlag für die Wahl des
Konstruktionsrasters geben.

Kennzeichnend für den Holzrahmenbau ist jedoch, dass die Gesamt-
länge eines Gebäudes nicht streng auf das Vielfache des Achsmaßes ausgelegt sein muss. Der Takt > Abb. 20 Achsmaß a des Konstruktionsrasters
wird oft am Ende einer Wand verlassen und mit einem Sonderachsmaß
abgeschlossen. Ähnlich frei ist der Umgang mit der Anordnung von Fenstern und einbindenden Innenwänden, deren Lage allein aus dem Entwurf
und nicht, wie beispielsweise im Fachwerkbau, vom Konstruktionsraster
bestimmt wird. Das Konstruktionsraster im Holzrahmenbau dient in erster Linie der wirtschaftlichen Ausnutzung der Werkstoffe und weniger der
konstruktiven und ästhetischen Ordnung. Im Vergleich zu anderen Holzbausystemen gibt es deshalb im Holzrahmenbau kaum Einschränkungen
in der Grundriss- und Baukörpergestaltung.

Bei der Montage werden die Konstruktionshölzer nicht mehr stehend   Montage
wie im Fachwerkbau zusammengefügt, sondern liegend zu einem <u>Rah-
men</u> zusammengenagelt und anschließend ohne besonderes Hebewerk-
zeug auf dem Schwellenkranz, der fest mit der Bodenplatte verankert ist,
aufgerichtet und durch Nagelung fixiert. Die doppelte <u>Schwelle</u> aus
Schwell- und Rahmenholz ist ein typisches Merkmal des Holzrahmen-
baus, der statt komplizierter Holzverbindungen den seitlichen Zusam-
menschluss, also die Verdopplung oder, wenn nötig, auch die Verdreifa-
chung der Querschnitte bevorzugt. > Abb. 21

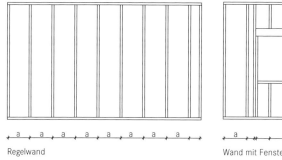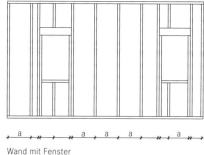

Regelwand   Wand mit Fenster

Abb. 20: Ansicht Regelwand – Wand mit Fenster

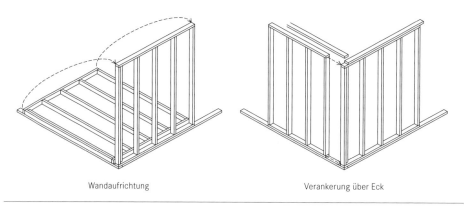

Wandaufrichtung   Verankerung über Eck

Abb. 21: Isometrie Wandaufrichtung – Verankerung über Eck

Die Verankerung der so aufgestellten Wände untereinander erfolgt nach dem gleichen Prinzip. Die oberen Rahmen der Wände werden durch ein zweites, zusätzlich aufgenageltes Rahmenholz – eine <u>Kopfschwelle</u>, die von einer auf die andere Wand übergreift – wie durch einen Ringanker zugfest zusammengeschlossen.

Decke   Die im nächsten Schritt auf den Holzrahmenwänden aufgelegte Balkenlage besteht ebenfalls aus schlanken, der Spannweite der Decke entsprechend hohen Querschnitten. Mit einem gleich hohen Balkenkranz, der am Deckenrand umläuft, werden die Balken durch Nagelung verbunden und so gegen Kippen gesichert. Die Stabilisierung dieser Verbindung wird erst durch die Beplankung der Decke mit Holzwerkstoffplatten erreicht. Die Holzbalkendecke wird so zu einer steifen Scheibe ausgebildet

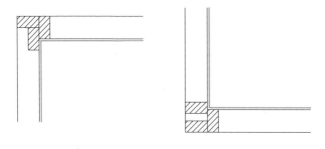

Abb. 22: Grundriss Ecklösungen

Abb. 23: Holzrahmenbauwand – Innen- und Außenansicht

und dient sofort als Arbeitsbühne (Plattform) für das nächste Geschoss, dessen Wände im gleichen Verfahren aufgestellt werden. > Abb. 21 In Amerika werden nach dem System „Platform Framing" Gebäude mit bis zu ○ sechs Geschossen errichtet.

○ **Hinweis:** Bei der Verbindung der Wände müssen in den Ecken die Pfosten so gestellt werden, dass eine Auflage zur Befestigung der Innenverkleidung von halber Querschnittsbreite, also 3 cm, in beiden Richtungen zur Verfügung steht. Mögliche Lösungen sind in Abbildung 22 dargestellt.

Skelettbau

Der Skelettbau entwickelte sich aus dem Fachwerkbau mit dem Bestreben, mehr Freiheit in der Raumaufteilung sowie großflächigere Verglasungen zu erhalten. Der Begriff Skelettbau wird gelegentlich für den Holzbau allgemein angewendet.

Die Fachliteratur definiert jedoch überwiegend eine Bauweise als Skelettbau, die auf einem System aus <u>Primärtragwerk</u> aus Stützen und Trägern beruht, auf denen als Sekundärtragwerk Balken und Sparrenlagen liegen. Die Raum bildenden Wände werden unabhängig vom tragenden Skelett eingebaut. Damit sind großflächige Fassadenverglasungen möglich, aber auch größere Flexibilität in der Grundrissgestaltung. Im Holzskelettbau ist das Prinzip der Moderne des 20. Jahrhunderts „<u>Skin and Skeleton</u>" realisiert.

Raster   Die Abstände der tragenden Pfosten sind entschieden größer als im Holzrahmenbau, aber auch größer als bei Fachwerkkonstruktionen. Das tragende Skelett bleibt meist nach außen oder innen sichtbar. Eine wichtige Rolle spielt im Skelettbau das Brettschichtholz, denn die großen Stützenstellungen wurden mit Trägern aus Brettschichtholz > Kap. Holzbauprodukte erst möglich.

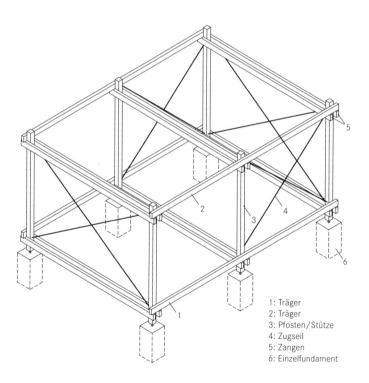

1: Träger
2: Träger
3: Pfosten / Stütze
4: Zugseil
5: Zangen
6: Einzelfundament

Abb. 24: Isometrie Skelettbau (Zangenverbindung)

Die Windkräfte werden in der Regel durch Stahlseile oder Stahlrundstäbe aufgenommen, die kreuzweise angeordnet werden, da sie nur Zugkräfte aufnehmen können. > Kap. Aussteifung

Die große Stützenstellung legt eine Gründung mit Einzelfundamenten nahe. Da die Stütze meist unabhängig von der Wand steht, ist der Stützenfuß nicht verkleidet und mit seiner Verbindung zum Fundament aus verzinktem Stahl ein markantes Architekturdetail des Holzskelettbaus.

Die Aufstellung erfolgt bei mehrgeschossigen Bauten nicht geschossweise, sondern mit durchgehenden Pfosten. Die horizontalen Träger werden dabei entweder zweiteilig als Zangen seitlich angeschlossen > Abb. 24 und 25 oder einteilig mit stumpfem Stoß. > Abb. 26 und 27

Im Skelettbau werden die Verbindungen von Stützen und Trägern mit **Verbindungen** metallischen Verbindungsmitteln ohne besondere Schwächung der Holzquerschnitte hergestellt. Im Gegensatz zu den handwerklichen Verbindungen beim Blockbau und Fachwerkbau werden sie vom Tragwerksplaner nach bautechnischen Tabellen dimensioniert. Man bezeichnet sie deshalb als <u>ingenieurmäßige Verbindungen</u>.

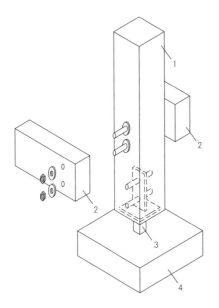

1: Stütze
2: Zange
3: Stützenfuß (Metall)
4: Einzelfundament

Abb. 25: Isometrie Stützenfuß mit Zangenverbindung und Dübelverbindungen

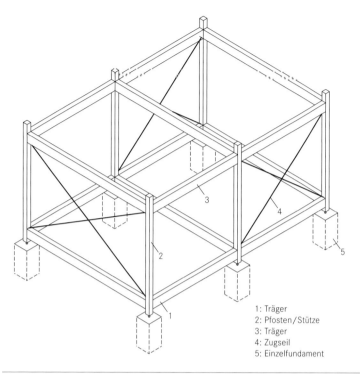

1: Träger
2: Pfosten / Stütze
3: Träger
4: Zugseil
5: Einzelfundament

Abb. 26: Isometrie Holzskelett (stumpfer Stoß)

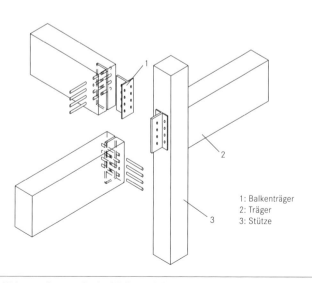

1: Balkenträger
2: Träger
3: Stütze

Abb. 27: Isometrie stumpfer Stoß Träger – Stütze

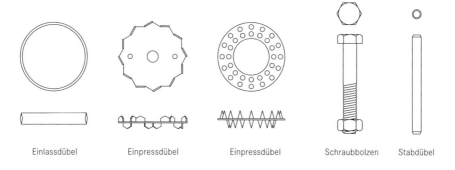

| Einlassdübel | Einpressdübel | Einpressdübel | Schraubbolzen | Stabdübel |

Abb. 28: Dübel besonderer Bauart, Schraubbolzen, Stabdübel

Zur besseren Kraftübertragung bei seitlich aneinander geschlosse- Verbindungsmittel nen Holzteilen > Abb. 25 werden an den Berührungsflächen <u>Dübel beson-derer Bauart</u> > Abb. 28 meist ringförmig eingelassen oder eingepresst, die die Lasten des Kraftangriffs großflächig auf möglichst viele Fasern des Holzes übertragen. Mit <u>Schraubbolzen</u> werden die Verbindungen zusammengehalten.

Eine andere Art von Verbindungsmittel stellt der <u>Stabdübel</u> aus Rund-stahl dar, der in vorgebohrte Löcher eingetrieben wird und zusammen mit im Holz eingeschlitzten Stahlblechen die Lastübertragung übernimmt. Im stumpfen Verbindungsstoß ist dies eine Möglichkeit, den Anschluss des Trägers an die Stütze nach außen weitgehend unsichtbar herzustel-len. > Abb. 27, Abb. 50 und Kap. Decken

Holztafelbau

Besondere Vorteile des Holzbaus sind die relativ kurzen Montage-zeiten und die Trockenbauweise, die einen sofortigen Bezug der fertig-gestellten Konstruktionen zulässt. Dieses Argument der kürzeren Bau-zeit für den Holzbau verstärkt sich in dem Maße, wie einzelne Bauteile, Wandelemente oder ganze Raumzellen in der Werkstatt vorfabriziert werden.

Gerade der Holzrahmenbau mit seinen rahmenartigen Wänden ist Vorfertigung für eine Vorfertigung in der Zimmerei geeignet. Das Bestreben, möglichst große Produktionsphasen von der Baustelle in die Werkstatt zu verlagern, macht den Bauprozess unabhängig von Schlechtwetterphasen.

Der Holztafelbau maximiert diesen Vorteil. Die vorgefertigten, in der Regel geschosshohen Tafelelemente sind bereits gedämmt und mit allen Bauteilschichten sowie der Außen- und Innenverkleidung versehen, so dass sie am Bauplatz nur noch aufgestellt und mit einander gekoppelt werden müssen. Wesentliches Detail ist die Verbindung bzw. der Element-

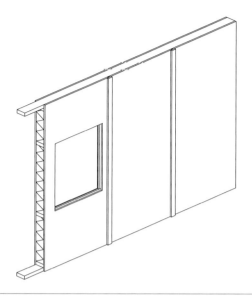

Abb. 29: Holztafelelement

stoß. Die Geschossdecken werden ebenfalls vorgefertigt und entweder auf den Wandelementen aufgelegt oder dazwischen gehängt.

Der Holzrahmenbau als Grundkonstruktion des Tafelbaus stellt immer noch eine betont handwerkliche Konstruktion dar. In den letzten Jahren hat sich aber die Tendenz nach einer stärkeren Industrialisierung durchgesetzt. Tragende Wandelemente aus massivem Brettsperrholz oder Brettstapelholz werden von der Holzindustrie wie überdimensionierte Holzwerkstoffplatten für den Tafelbau produziert. Man könnte von einer Plattenbauweise sprechen.

Damit kehrt sich der Holzbau mehr und mehr von der Stabbauweise zur Massivbauweise. Jahrzehntelang galt im Holzbau die Regel einer möglichst sparsamen Verwendung des Rohstoffes Holz. Unter dem Vorzeichen einer industriellen Bauweise und einer konsequenteren Ausnutzung des Rohstoffes > Kap. Holzwerkstoffe zeichnet sich eine Umorientierung ab.

Plattenbau

Der Plattenbau mit Platten aus Beton ist aus den Ländern Osteuropas und Skandinaviens bekannt. Wegen des hohen Gewichts der Betonplatten war die Größe der Elemente auf Geschosshöhe beschränkt. Im Vergleich dazu ist Holz leicht und erlaubt Elemente bis zu vier Geschossen Höhe. Auch der Gefahr allzu stereotyper Architektur, ein generelles Problem bei der Vorfertigung und Vereinheitlichung von Fassadenelementen, kann durch eine individuelle, kundenspezifische Produktion vermieden werden, die durch CAD und computergesteuerte Maschinen leichter möglich ist.

Ob sich die Plattenbauweise gegen die Stabbauweise im Holzbau durchsetzen wird, hängt von verschiedenen ökonomischen Gegebenheiten ab. Dem Nachteil, der im Plattenbau durch aufwendige Hebewerkzeuge, erschwerten Transport und größere Produktionsstätten entsteht, stehen die höheren Lohnkosten bei der Stabbauweise gegenüber.

Bauteile

Der nachfolgende dritte Teil des Buches geht auf die wesentlichen Detailpunkte Sockel, Wand, Decke und Dach ein und auf deren Einbindung in das Gesamtgefüge des Holzbaus. Dabei wird besonderes Augenmerk auf den relativ komplizierten Schichtenaufbau und auf die Anschlüsse zu den benachbarten Bauteilen gelenkt.

Zu jedem der Bauteile sind exemplarisch gebräuchliche Detaillösungen im Maßstab 1:10 als Holzrahmen- bzw. als Fachwerkkonstruktion dargestellt, anhand derer die Zusammenhänge und Probleme erläutert werden, ohne dass der Anspruch erhoben wird, die zahlreichen Detailmöglichkeiten auch nur annähernd abzudecken.

GRÜNDUNG

Aus Gründen des <u>konstruktiven Holzschutzes</u> sollte der Holzbau grundsätzlich durch sein Gründungsbauwerk aus dem Gelände um ca. 30 cm herausgehoben werden. Entweder steht die Holzkonstruktion auf der Decke des Kellers oder, bei Nichtunterkellerung, direkt auf einem Fundament aus Beton oder Mauerwerk. Soweit durch die Beschaffenheit des Baugrunds nicht eine spezielle Gründung vorgegeben ist, stehen drei Gründungsarten für den Holzbau zur Auswahl: > Abb. 30

— Plattengründung	=	flächig
— Streifenfundament	=	linear
— Einzelfundament	=	punktförmig

Plattengründung

Auf einer Fundamentplatte lassen sich alle Holzbausysteme erstellen. Für den Holzrahmenbau, der die Plattform als Arbeitsbühne für die Montage benötigt, ist die Plattengründung besonders nahe liegend. Dabei kann die Bodenplatte aus Beton entweder schwimmend auf einer Lage

○ **Hinweis:** Auf die Dachkonstruktionen und Dachaufbauten soll in diesem Band nur so weit eingegangen werden, wie es für die Anschlüsse zu den Außenwänden notwendig ist, da dem Thema Dach ein eigener Band *Basics Dachkonstruktion* von Tanja Brotrück, erschienen im Birkhäuser Verlag, Basel 2007, gewidmet ist.

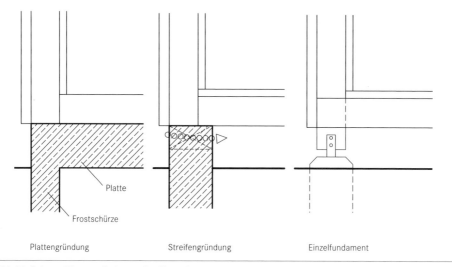

Platte

Frostschürze

Plattengründung   Streifengründung   Einzelfundament

Abb. 30: Schema Plattengründung – Streifengründung – Einzelfundament

aus verdichtetem Frostschutzkies (Grobkies) liegen oder auf einer umlaufenden Frostschürze, die bis auf Frosttiefe geführt wird.

Bei Unterkellerung des Gebäudes ersetzt die Kellerdecke, in den meisten Fällen aus Stahlbeton, die Gründungsplatte.

Streifenfundament

Für die Gründung auf Streifenfundamenten muss eine eigene Bodenkonstruktion aus Holzbalken hergestellt werden. Entscheidend dabei ist auch hier der konstruktive Holzschutz, der eine Durchlüftung an der Unterseite der Bodenkonstruktion notwendig macht. Der Raum zwischen Gelände und Holzbalken muss einerseits geschlossen werden, um diesen Bereich für Kleintiere unzugänglich zu machen, andererseits muss eine ausreichende Querlüftung sichergestellt sein, um die Balkendecke luftumspült zu halten.

Ein anderer wichtiger Punkt dieser Bodenkonstruktion ist der Einbau der Wärmedämmung. Nachdem die Balken auf dem Streifenfundament verlegt sind, kann die Wärmedämmung zwischen den Balken nur von oben eingebracht werden. Dazu muss erst eine unterseitige Schalung auf einer Lattung befestigt werden, die vorher seitlich an den Balken angebracht wurde. > Abb. 33 Eine Alternative zu dieser Bauweise bestünde in der Verlegung vorgefertigter, gedämmter Deckenelemente.

In beiden Fällen werden die Balken, abhängig vom Abstand der frei überspannten Streifenfundamente, ähnlich wie eine Geschossdecke dimensioniert. > Kap. Decken

Einzelfundament

Das Einzelfundament ist eine Gründungsart, die dem Skelettbau in besonderer Weise gerecht wird. Die Gebäudelasten, die sich beim Skelettbau auf wenige Stützen konzentrieren, werden punktförmig auf den Baugrund übertragen. Auf diese Weise reduziert sich der Erdaushub bei der Gründung auf ein Minimum.

Die Bodenkonstruktion erfolgt ähnlich wie die Konstruktion der Geschossdecken, beim Skelettbau in der Regel aus Haupt- und Nebenträgern.

Für den Übergang von Stütze zum Fundament werden im Baustoffhandel verschiedene Formteile aus verzinktem Stahl angeboten > Abb. 31, die aus Gründen des konstruktiven Holzschutzes die Verbindung von Holzstütze und Betonfundament übernehmen. Trotzdem muss an dieser empfindlichen Stelle besonders darauf geachtet werden, dass der Stützenfuß möglichst luftumspült bleibt und das Niederschlagswasser ungehindert vom Holz ablaufen kann. > Kap. Holzschutz

Sockel

Die Sockelzone eines Gebäudes wird unabhängig von der Bauweise besonders beansprucht. Dafür sorgen die Durchfeuchtung aus dem Gelände, Spritzwasser aus den Niederschlägen oder Schnee im Winter. Aus Gründen des konstruktiven Holzschutzes > Kap. Holzschutz soll die Holzaußenwand einen Abstand von 30 cm zum Gelände einhalten. Die Verbindung zum Baugrund wird mittels feuchtebeständiger Materialien hergestellt.

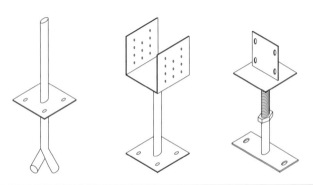

Abb. 31: Stahlformteile Stützenfüße

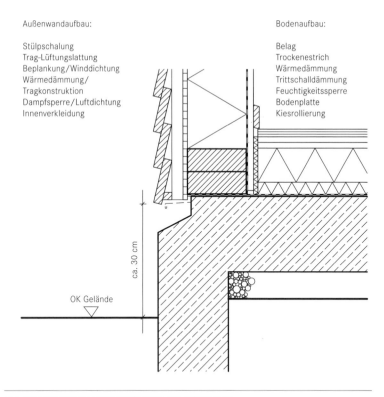

Außenwandaufbau:

Stülpschalung
Trag-Lüftungslattung
Beplankung/Winddichtung
Wärmedämmung/
Tragkonstruktion
Dampfsperre/Luftdichtung
Innenverkleidung

Bodenaufbau:

Belag
Trockenestrich
Wärmedämmung
Trittschalldämmung
Feuchtigkeitssperre
Bodenplatte
Kiesrollierung

ca. 30 cm

OK Gelände

Abb. 32: Betonsockel, Plattengründung, Holzrahmenbau

Die Ausführung des Sockels in Sichtbeton ist eine häufig praktizierte Lösung. Der Beton ist gleichzeitig Feuchteschutz und sichtbarer Abschluss des Gebäudes. Dazu wird die betonierte Gründungsplatte bis in die Ebene der Fassade nach außen geführt. Mit dem gegossenen Material Beton kann der Sockel so geformt werden, dass die Zuluft für die Fassadenhinterlüftung ungehindert eintreten kann. Um Schmutzfahnen auf der Sockelfläche zu vermeiden, sollte der Sockel nicht ganz bündig mit der Holzschalung liegen, sondern geringfügig um das Maß einer Tropfkante zurückspringen. Der Hinterlüftungsbereich der Holzschalung muss nach außen mit einem Insektenschutzgitter abgeschlossen werden. > Abb. 32

Wegen seiner exponierten Lage bzw. wegen der Nähe zum feuchten Gelände ist als Schwelle ein besonders resistentes Hartholz zu verwenden. Ob in diesem Fall auf einen chemischen Holzschutz verzichtet werden kann, wie es nach deutschen Holzschutzbestimmungen möglich ist, muss in den jeweiligen Bestimmungen der Länder recherchiert werden.

Holzschutz

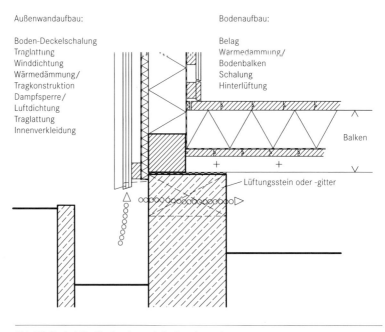

Außenwandaufbau:

Boden-Deckelschalung
Traglattung
Winddichtung
Wärmedämmung/
Tragkonstruktion
Dampfsperre/
Luftdichtung
Traglattung
Innenverkleidung

Bodenaufbau:

Belag
Wärmedämmung/
Bodenbalken
Schalung
Hinterlüftung

Balken

Lüftungsstein oder -gitter

Abb. 33: Sockel Streifenfundament, Fachwerkwand

Zum feuchten Beton muss das Holz dennoch durch eine Sperrlage getrennt werden. An dieser Stelle werden die Bodenabdichtung auf der Gründungsplatte und die Dampfsperrfolie der Außenwand zusammengeschlossen.

In Abbildung 33 ist eine Sockellösung dargestellt, in der das betonierte Streifenfundament unterhalb der Außentragwand den Sockel bildet. Das Streifenfundament ist so breit, dass die Wandschwelle und die

○ **Hinweis:** Holzgebäude müssen mit dem Fundament verankert werden. Dazu werden sowohl die Schwelle als auch die Pfosten der Konstruktion in regelmäßigen Abständen mit Verbundankern oder Schwerlastdübeln auf der Bodenplatte bzw. dem Streifenfundament befestigt.

Balken der Bodenkonstruktion aufliegen können. Auf eine Abdichtung gegen Bodenfeuchte kann in diesem Fall verzichtet werden. Der Hohlraum zwischen dem Holzboden und dem Erdreich benötigt jedoch dauerhafte Durchlüftung. Dazu werden in das Fundament Lüftungsgitter oder Lüftungssteine eingebaut, die eine Querlüftung unter dem Gebäude gewährleisten.

Der sichtbare Gebäudesockel bestimmt ganz wesentlich das Erscheinungsbild von Holzbauten. Um wie im vorliegenden Fall die Zugangshöhe in das Gebäude zu reduzieren und um zumindest optisch eine sockellose Gebäudeansicht zu erreichen, besteht die Möglichkeit, das Gelände direkt im Anschluss an das Gebäude abzusenken. Der Sockel wird gewissermaßen tiefer gelegt, in eine um das Gebäude laufende Rinne, und dennoch der konstruktive Holzschutz eingehalten. Zur Sicherheit wird diese Absenkung am besten mit einem Gitterrost abgedeckt.

AUSSENWAND

Die Außenwand hat als Gebäudehülle einer Reihe von Beanspruchungen standzuhalten. Von außen wirken Wind und Regen, aber auch unterschiedliche Temperaturen, Schall und Strahlungen ein. Von innen nach außen muss die Außenwand mit einem Temperaturgefälle, Luftkonvektion, Schallübertragung und Wasserdampfdiffusion zurechtkommen.

Schichtenaufbau

Im Mauerwerksbau, aber auch im traditionellen Blockbau, trägt, dämmt, dichtet und schützt ein und dasselbe Material. Im Leichtbau der Holzskelettkonstruktionen werden diese Aufgaben verschiedenen Schichten und spezifischen Materialien zugeteilt. Sie müssen in der richtigen Reihenfolge angeordnet und aufeinander abgestimmt werden, denn das System erlaubt keine Ausfälle oder Schwachstellen. Der Architekt bestimmt den Aufbau, bemisst die Schichtstärken und klärt die Anschlüsse. Als erstes ist die Wahl einer einschaligen oder zweischaligen Konstruktion zu treffen. > Abb. 34

Der grundsätzliche Unterschied von einschaligen und zweischaligen Wandkonstruktionen ist mit der Frage der Hinterlüftung zwischen Außenhaut und Tragwand verbunden. Bei einschaliger Konstruktion bilden Außenhaut und Tragwand zusammen eine Schale. Bei zweischaliger Konstruktion ist die Wand durch den Hinterlüftungsraum in eine äußere und eine innere Schale aufgeteilt, mit den jeweiligen Funktionen:

Äußere Schale	Wetterschutz, Hinterlüftung
Innere Schale	Winddichtung, Wärmedämmung / Tragkonstruktion, Dampfsperre / Luftdichtung, Innenverkleidung

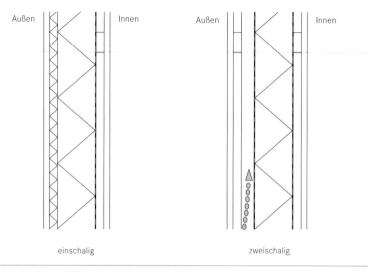

Außen   Innen   Außen   Innen

einschalig   zweischalig

Abb. 34: Schema Wand einschalig/zweischalig

Bauphysik

Hinterlüftung   Die sicherste und deshalb auch häufigste Ausführung ist die <u>zwei-</u> <u>schalige Konstruktion</u> mit Hinterlüftung. Die Hinterlüftung wirkt als Ent-spannungsraum und Druckausgleich für eindringendes Wasser. Dabei ist darauf zu achten, dass Niederschlagswasser ungehindert ablaufen kann. Gleichzeitig sorgt die Hinterlüftung dafür, dass Wasserdampf aus dem Gebäudeinneren bzw. Feuchtigkeit aus der Wärmedämmung im Luftstrom abtransportiert werden. Die Hinterlüftung bietet auch für den sommer-lichen Wärmeschutz den Vorteil, einen Großteil der Warmluft aus der auf-geheizten Fassade abzuführen.

Die Tiefe des Durchlüftungsraumes muss mindestens 20 mm be-tragen und darf nicht durch andere Bauteile, wie Fenster und Sockel, be-einträchtigt werden. Die Luft soll am Sockel eintreten und am oberen Wandabschluss, am Dachrand, austreten können. Die Ein- und Austritts-öffnungen müssen mit einem Insektenschutzgitter abgedeckt werden.

Winddichtung   Die Winddichtung wird auf der Außenseite der Wärmedämmung auf-gebracht. Sie schützt die Wärmedämmung vor zu starker Abkühlung und verhindert das Eindringen von Außenluft über Fugen zwischen der Wär-medämmung und der Holzkonstruktion.

Bei Außenschalungen mit offenen Fugen > Kap. Außenschalungen muss die Winddichtung die Wärmedämmung auch vor eindringender Feuchtigkeit schützen. Der Forderung nach zunehmender Dampfdurchlässigkeit von innen nach außen folgend, muss die Winddichtung jedoch möglichst diffusionsoffen sein. Bei Konstruktionen, deren Tragkonstruktion außenseitig mit einer aussteifenden Beplankung versehen ist, übernimmt die aussteifende Holzwerkstoffplatte diese Funktion, wenn die Stoßfugen mit einem Falz ausgebildet sind. Sonst werden Folien oder Bahnen eingesetzt.

Einer der Gründe, warum der Holzbau sehr viel Zuspruch von Bauherren und Architekten erfährt, liegt darin, dass er den Anforderungen an den Wärmeschutz und den steigenden Bestrebungen nach Energieeinsparung wesentlich besser gerecht wird als beispielsweise der Mauerwerksbau. Die Stärken der Traghölzer von 12 bis 16 cm liefern bei Ausfachung mit Dämmung schon gute Dämmwerte. Meist werden aber außen oder innen zusätzliche Dämmschichten eingebaut.

Wärmedämmung/
Tragkonstruktion

Als Dämmungen kommen fast alle im Handel befindlichen Materialien in Frage. Allerdings haben expandiertes und extrudiertes Polystyrol (EPS und XPS) sowie alle Hartschaumplatten das Problem, dass sie das Schwinden des Holzes in den Gefachen nicht aufnehmen können. Am besten bewährt haben sich in dieser Hinsicht Faserdämmstoffe aus Platten, die wegen der leichten Zusammendrückbarkeit die Bewegungen des Holzes besser aufnehmen können.

■

Eine andere, häufig angewandte Möglichkeit stellt die Dämmung mit Zelluloseflocken aus Altpapier dar. Sie ist im Ein- oder Aufblasverfahren nur in geschlossenen Hohlräumen verwendbar und deshalb als Dämmung besonders für Holzrahmenbauten mit den geschlossenen Kammern aus Pfosten und Beplankung geeignet.

Zellulosedämmung muss unbedingt vor Feuchtigkeit geschützt werden, da sich sonst unter der erheblichen Volumenvergrößerung Verformungen der Wand und kaum zu behebende Bauschäden einstellen. Zum Schutz vor Fäulnis und leichter Entflammbarkeit werden Borsalze zugesetzt.

■ **Tipp:** Durch zusätzlich innen oder außen aufgebrachte Dämmung, die über die Gefache hinweggeht, werden die Fugen zwischen der Tragkonstruktion und der Dämmung überbrückt. Wegen ihrer relativ guten Eigenstabilität werden häufig Holzweichfaserplatten (siehe Kap. Holzwerkstoffe) verwendet, die außenseitig auch als Winddichtung und in bituminierter Ausführung auch als Feuchteschutz hinter der Außenschalung dienen.

Im Kapitel Holzschutz wurde ausführlich dargestellt, dass Holz vor Feuchtigkeit zu schützen ist. Dies gilt aber nicht nur für Feuchtigkeit von außen, sondern auch für Wasserdampf aus dem Inneren des Gebäudes, der sich in der Konstruktion als Tauwasser niederschlägt.

Feuchtigkeit kann durch Diffusion (Dampf) oder durch Konvektion (Raumluft) in das Bauteil eindringen. Die Forderung der Dampf- und Luftdichtheit spielt deshalb eine zentrale Rolle im Holzbau. Dampfsperre und Luftdichtung sollen verhindern, dass die Dämmwirkung durch Undichtigkeiten und somit durch Tauwasser und Zugerscheinungen zunichte gemacht wird.

Dies gilt sowohl für einschalige als auch für zweischalige Systeme. Dazu ist eine luftdichte Hülle mit möglichst wenigen Durchdringungen und Anschlüssen gefordert. In der Regel werden die Funktionen Dampfsperre und Luftdichtung in einer Schicht zusammengefasst. Diese Schicht wird auf der Innenseite der Wärmedämmung angeordnet.

Grundsätzlich soll die Außenwand so aufgebaut sein, dass eine Dampfdiffusion in das Bauteil verhindert und bereits eingedrungener Wasserdampf nach außen abtransportiert wird. Beim Einbau der Wandbaustoffe ist deshalb darauf zu achten, dass der Dampfdiffusionswiderstand (S_d-Wert) von innen nach außen abnimmt.

Je nach S_d-Wert wird unterschieden in:

Diffusionsoffen	$S_d < 2\,m$
Dampfbremse	$S_d\ 2-1500\,m$
Dampfsperre	$S_d \geq 1500\,m$

Für zweischalige Konstruktionen ist eine Dampfbremse ausreichend. Sie besteht aus Spezialpapieren oder Folien und sorgt dafür, dass der im Gebäude entstandene Wasserdampf dosiert und kontrolliert durch die Wärmedämmung nach außen diffundieren kann und von der Hinterlüftung abgeführt wird.

Bei einschaligen, nicht hinterlüfteten Konstruktionen ist eine innenseitige Dampfsperre notwendig, die verhindern soll, dass Wasserdampf von innen nach außen diffundiert. Die Dampfsperre besteht aus dampfdichten Bahnen aus Kunststoff oder aus Metallfolien.

Außenschalung

Den Wetterschutz im Holzbau übernimmt die Außenhaut aus Holz oder Holzwerkstoffen. Die Verkleidung mit anderen Baustoffen, beispielsweise Metall oder Putz, ist in einigen Ländern wie z. B. Amerika jedoch nicht unüblich. Allein aus konstruktiven Gründen ist es nahe liegend, Materialien mit gleichen Eigenschaften miteinander zu kombinieren. Dies gilt besonders für den lebendigen Baustoff Holz mit seinem Quell- und Schwindverhalten. Aber auch in gestalterischer Hinsicht lebt der Holzbau von der Ausdruckskraft des Baustoffes Holz, seiner Ausstrahlung, Oberfläche und Textur.

Die Außenschalung bietet zahlreiche Gestaltungsmöglichkeiten. Dazu gehören die Wahl der Schalungsart, der Brett- oder Plattenbreiten sowie deren Richtung, der Holzart und -auswahl, der Oberflächenbehandlung und Patinierung.

Nicht sichtbar, aber ein wesentlicher Bestandteil der Außenschalung ist die Unterkonstruktion aus tragenden Latten. Die Art der Unterkonstruktion ist davon abhängig, ob die Schalung hinterlüftet ist und ob sie horizontal oder vertikal verläuft. Die Unterkonstruktion ist an der Tragkonstruktion befestigt. Die Abstände der Traglatten richten sich nach den Brettdicken der Außenschalung und umgekehrt. > Tab. 8

Das Prinzip der kreuzweisen Anordnung fordert bei vertikaler Schalung eine horizontale Traglattung. In diesem Fall ist bei Hinterlüftung zusätzlich eine senkrechte Konter- oder Lüftungslattung erforderlich, um einen ununterbrochenen Luftstrom von unten nach oben zu gewährleisten, der durch die waagrechte Lattung abgeschnitten wird. Für die horizontale Schalung erfüllt die vertikale Traglattung gleichzeitig diese Funktion.

Zur Befestigung der Bretter kommen Schrauben, Nägel oder Klammern in Frage. Bei Nagelung besteht die Gefahr der Beschädigungen der Schalungsoberfläche sowie der Unterkonstruktion. Sicherer und besser kontrollierbar ist die Befestigung durch Verschraubung.

Korrosionsbeständige Materialien sind nicht in jedem Fall notwendig. Um Rostfahnen auf der Holzoberfläche zu vermeiden, ist aber die

○ Unterkonstruktion

Befestigung

Tab. 8: Abstände der Traglatten

Brettdicke [mm]	Lattenabstand [mm]
18,0	400–550
22,0	550–800
24,0	600–900
28,0	800–1050

○ **Hinweis:** Der S_d-Wert einer Bauteilschicht drückt deren Diffusionswiderstand als Dicke einer gedachten ruhenden Luftschicht mit demselben Widerstand aus. Er wird in Metern gemessen und ist das Produkt der Dicke des Baumaterials (S) und seiner Diffusionswiderstandszahl μ. $S_d = \mu \times S(m)$). Je größer der S_d-Wert einer Schicht ist, umso dampfdichter ist sie.

○ **Hinweis:** Im Band *Basics Materialität* von Manfred Hegger, Hans Drexler, Martin Zeumer, erschienen im Birkhäuser Verlag, Basel 2014, werden die Eigenschaften und die Wirkung von Holz als Fassadenbekleidung vertieft.

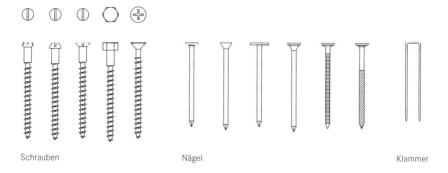

| Schrauben | Nägel | Klammer |

Abb. 35: Schrauben, Nägel, Klammer

Verwendung von Nägeln oder Schrauben aus Edelstahl oder verzinkten Materialien üblich. Die Befestigung sollte so erfolgen, dass sie das Schwinden und Quellen des Holzes nicht verhindert. Das bedeutet, dass bei sich überdeckenden Schalungsbrettern, wie bei der Boden-Deckelschalung oder der Stülpschalung, die Nagelung oder Verschraubung nur durch ein Brett getrieben wird. Deckleisten sind nur auf einem Brett oder in der Fuge zu befestigen. Die Verschraubung oder Nagelung sollte auch für untergeordnete Bauteile nicht in Hirnholz erfolgen.

Vertikale Schalungen sind: > Abb. 37

— Boden-Deckelschalung („überlukte" Schalung)
— Deckleistenschalung
— Gedeckelte Schalung
■ — Profilbretterschalung

■ **Tipp:** Bei der Boden-Deckelschalung genügt die horizontale Traglattung als Unterkonstruktion. Auf eine Lüftungslattung kann verzichtet werden, da der Luftquerschnitt zwischen dem Deckbrett und dem inneren Brett vertikal durchläuft und für eine Hinterlüftung der Außenhaut ausreicht (siehe Abb. 37).

■ **Tipp:** Bei der Boden-Deckelschalung sollten die Bretter mit der Kernseite (siehe Kap. Holzfeuchte) nach außen eingesetzt werden, damit auch bei Verformung (Schüsseln) der Bretter beim Austrocknen die Fuge zwischen Boden- und Deckbrettern geschlossen bleibt.

Abb. 36: Vertikale Schalungen – Gedeckelte, Deckleisten-, Leisten-, Profilbretterschalung

Boden- und Deckbretter überdecken sich bei der Boden-Deckelscha- Boden-Deckenschalung lung, die auch als überlukte Schalung bezeichnet wird, um ca. 20 mm. Dadurch ergibt sich bei Verwendung gleicher Brettbreiten in der Ansicht ein Rhythmus von breiten Deckbrettern und schmaleren Bodenbrettern. Charakteristik dieser Schalungsart ist, wie bei der Deckleistenschalung, eine relativ stark profilierte Oberfläche.

Bei der Deckleistenschalung wird die ca. 10 mm breite Fuge zwischen Deckleistenschalung den senkrechten Schalungsbrettern durch eine Leiste abgedeckt, um das Eindringen von Niederschlagswasser zu verhindern. > Abb. 36 und 37

Die abschließende Leiste liegt bei der gedeckelten Schalung innen- Gedeckelte Schalung seitig, so dass, ähnlich wie bei der Profilbretterschalung, eine relativ glatte, flächenbündige Außenhaut entsteht.

Bei der Profilbretterschalung werden die Bretter durch <u>Überfälzung</u> Profilbretterschalung oder Nut- und Federverbindung zusammengeschlossen. Dies ermöglicht eine nicht sichtbare Befestigung der Schalung durch verdeckte Nagelung in der Nut oder durch Verwendung von Metallklammern. Das Arbeiten der Bretter muss mit entsprechendem Spielraum in der Verbindung zwischen den Brettern ermöglicht werden. Bei der Profilbretterschalung sind an der Ecke zusätzliche Bretter oder Leisten zur Abdeckung der offenen Ecke notwendig. Bei den anderen vertikalen Schalungen wird die Ecke durch das System der doppelt liegenden Brett- bzw. Leistenlagen ge- schlossen. > Abb. 37

○ **Hinweis:** Schalungen, bei denen die Fuge zwischen den Schalungselementen geschlossen ist, gelten als geschlossene Schalungen, im Gegensatz zu offenen Schalungen mit offenen Fugen. Bei offenen Schalungen muss die Winddichtung als Feuchtigkeitssperre ausgeführt werden, um das Eindringen von Niederschlagswasser in den Bereich der Wärmedämmung zu verhindern.

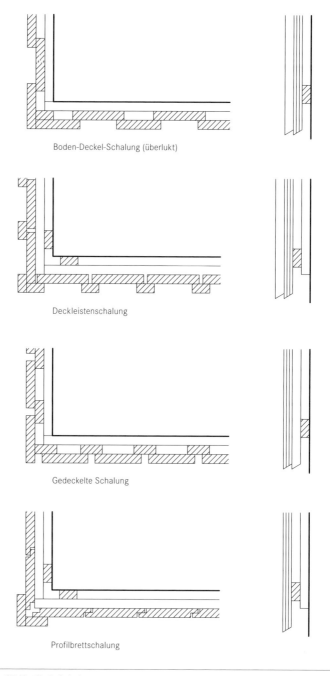

Boden-Deckel-Schalung (überlukt)

Deckleistenschalung

Gedeckelte Schalung

Profilbrettschalung

Abb. 37: Vertikale Schalungen

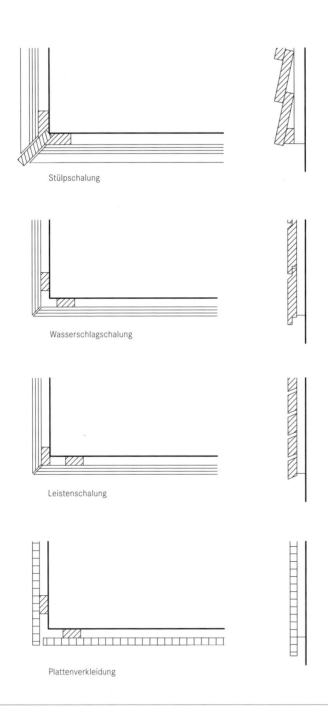

Stülpschalung

Wasserschlagschalung

Leistenschalung

Plattenverkleidung

Abb. 38: Horizontale Schalungen

Abb. 39: Horizontale Schalungen – Stülp-, Wasserschlag-, Holzschindel-, Leistenschalung

Horizontale Schalungen sind: > Abb. 38

— Stülpschalung
— Wasserschlagschalung

Und unter Voraussetzungen auch:

— Holzschindelschalung
— Leistenschalung
— Plattenverkleidung

Stülpschalung Die Überdeckung bei der Stülpschalung soll 12% der Brettbreite betragen, mindestens jedoch 10 mm. In der Regel sind die Schalungsbretter ungefälzt. Es gibt Stülpschalungen, die im Bereich der Überschuppung gefälzt sind.

Das Prinzip der Überdeckung ermöglicht bei der Stülpschalung und der Boden-Deckelschalung einen gewissen Spielraum, der die gleichmäßige Aufteilung der Bretter über die Wandfläche und den Anschluss an Fenster und Türen erleichtert.

■ **Tipp:** Im Zusammenhang mit dem konstruktiven Holzschutz (siehe Kap. Holzschutz) bietet die horizontale Schalung im Gegensatz zu senkrechten Verschalungen den Vorteil, dass ein geschädigtes Brett am Sockel leicht ausgetauscht werden kann. Dies ist vor allem bei Unterschreitung der Sockelhöhe und bei besonders exponierten Sockelbereichen von Bedeutung.

Die Schrägstellung der Bretter bei der Stülpschalung ergibt bei einem Gehrungsschnitt an der Ecke eine geometrisch schwierige Verschneidung. Dies wird oft umgangen, indem ein senkrecht stehendes Brett als Abschluss für die Schalungsbretter diagonal in die Ecke eingefügt wird. > Abb. 38

Eine Eckausbildung auf Gehrung ist dagegen bei der Wasserschlagschalung einfach, ebenso wie die verdeckt liegende Befestigung. Dies ist wie bei der Profilbretterschalung entweder über spezielle Metallklammern oder durch Nagelung bzw. Schraubung in der Nut möglich. > Abb. 38 ■ und 39

Die Holzschindelschalung besteht aus kleinformatigen Holzbrettchen, die wie Schuppen versetzt auf einer Traglattung genagelt oder geschraubt werden. > Abb. 39, Mitte rechts Durch die Kleinteiligkeit des Formats (Breiten von 50–350 mm und Längen von 120–800 mm) lassen sich auch geschwungene Formen oder weiche Übergänge leichter gestalten. Holzschindeln sind gesägt oder gespalten im Handel erhältlich. Gespaltene Schindeln sind langlebiger, da die Zellstruktur beim Trennvorgang nicht beschädigt wird. Um das Quellen des Holzes zu ermöglichen, sind zwischen den Schindeln Fugen von 1 bis 5 mm vorzusehen. Die Verlegung erfolgt zwei- oder dreilagig. Als Material zur Herstellung von Holzschindeln ist Lärchenholz geeignet. Bei entsprechend steiler Dachneigung (30°–40°) sind Holzschindeln auch als Dachdeckung zulässig.

Leistenschalungen zählen zu den offenen Schalungen, weil die Fugen nicht abgedeckt sind. > Abb. 38 und 39 Hier ist der Hinterlüftungsraum besonders wichtig, um das eindringende Niederschlagswasser ableiten zu können. In diesem Fall muss die Winddichtung zum Schutz der Wärmedämmung gleichzeitig die Funktion einer Feuchtigkeitssperre erfüllen. Das Abschrägen der Leisten ist als konstruktiver Holzschutz sinnvoll. Leistenschalungen können auch vertikal angeordnet werden, auf das Anschrägen der Leisten kann dann verzichtet werden.

Bei Plattenverkleidungen ist darauf zu achten, dass Werkstoffe mit entsprechender Verleimklasse für die Bewitterung gewählt werden. > Kap. Holzwerkstoffe Geeignet als Außenverkleidung sind diese Holzwerkstoffplatten:

— Bau-Furniersperrholz BFU
— 3-Schicht-Platten aus Nadelholz FSH
— Zementgebundene Spanplatten ZSP

Ein besonderes Problem der Plattenverkleidungen sind die Ränder der Holzwerkstoffe. Eine sichere Lösung ist das Abdecken der Fugen mit einer Deckleiste. Dadurch werden die empfindlichen Plattenränder geschützt. Manche Architekten betonen die Struktur der Deckleisten in der Fassade, indem sie die Leisten farblich von den Platten absetzen.

Wasserschlagschalung

Holzschindelschalung

Leistenschalung

Plattenverkleidung

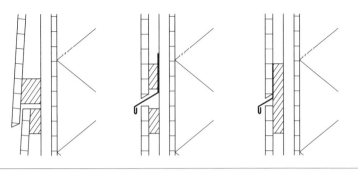

Abb. 40: Horizontale Fuge

Dagegen kommt die flächige und glatte Wirkung einer Plattenverkleidung am besten zur Geltung, wenn die Plattenstöße nur durch Schatten-
fugen ausgebildet werden. In diesem Fall muss ein mindestens 10 mm
breiter Plattenabstand vorgesehen werden. Die Plattenränder sind durch
einen wasserabweisenden Anstrich vor Feuchteeinwirkung zu schützen.

Bei horizontalen Fugen sollte die Platte an der Unterseite in einem
Neigungswinkel von 15° hinterschnitten werden, damit das abfließende
Wasser sicher abtropfen kann. Außerdem muss gewährleistet sein, dass
kein Wasser auf den oberen Kanten der Platten stehen kann. Dazu sollten diese Kanten abgedeckt werden, am besten mit einem Metallprofil
mit entsprechender Neigung von 15° nach außen. > Abb. 40

Die Befestigung der Platten erfolgt in den meisten Fällen mittels
sichtbarer Schrauben aus rostfreiem Stahl. Für eine unsichtbare Befestigung ist eine spezielle Unterkonstruktion zum Einhängen der Platten
notwendig. Dafür gibt es im Handel geeignete Systeme.

Bei einer Eckausbildung mit stumpfem Stoß, wie in der Abbildung 38
dargestellt, ist darauf zu achten, dass die offene Kante nicht zur Haupt-
○ wetterseite orientiert wird.

○ **Hinweis:** Wegen der großen Empfindlichkeit von
Plattenverkleidungen sind vorbeugende Schutzmaßnah-
men als konstruktiver Holzschutz zur Reduzierung der
Wetterbelastung ratsam: durch sinnvolle Orientierung
des Hauses, große Dachüberstände oder umlaufende
Balkonplatten.

Oberflächenbehandlung

Außenschalungen benötigen als nichttragende und nicht maßhaltige Bauteile keinen chemischen Holzschutz. > Kap. Holzschutz

Neben dem chemischen Holzschutz gibt es aber auch einen physikalischen Holzschutz, der verhindern soll, dass Niederschlagswasser unzuträglich stark in das Holz aufgenommen wird und dass die UV-Strahlung die Oberfläche des Holzes angreift. Ein physikalischer Holzschutz durch lasierend pigmentierte oder deckende Beschichtungen verhindert, dass Holzoberflächen im Laufe der Zeit vergrauen.

Vergrauen

Das Vergrauen des Holzes bringt nur eine farbliche Veränderung, aber keine Schädigung des Holzes mit sich. Manche Architekten setzen das Vergrauen des Holzes bewusst als Gestaltungsmittel ein. Die Holzoberflächen zum Beispiel der Sea Ranch der Architekten MLTW (Moore, Lyndon, Turnbull & Whitaker) an der amerikanischen Westküste haben im Verlauf der Jahrzehnte durch die UV-Strahlung und den Witterungseinfluss des Meeres eine silbergraue Patina erhalten, der diese Bauten in ihrer Erscheinung zu einer Einheit mit der Natur werden ließ. > Abb. Seite 67

Bei der Detailplanung sollte beachtet werden, dass Vor- und Rücksprünge der Fassade zu unterschiedlicher Bewitterung und damit möglicherweise zu ungewollter farblicher Wirkung führen.

Farbbeschichtung

Andererseits bietet sich die farbliche Beschichtung als wertvolles Gestaltungsmittel im Holzbau an. Von der farblichen Wirkung beschichteter Holzoberflächen zeugen die skandinavischen Holzbauten mit kräftigen Farbanstrichen.

Geeignet für eine Farbbehandlung von Holz sind sowohl pigmentierte Lasuren als auch deckende Anstriche. In der Regel bestehen die Anstrichsysteme aus Grund-, Zwischen- und Deckanstrichen. Entscheidend ist dabei, dass die verwendeten Produkte aufeinander abgestimmt sind.

■ **Tipp:** Schalungsbretter sollten vor der Montage gestrichen werden, um beim Schwinden der Bretter unbehandelte Stellen nicht sichtbar in Erscheinung treten zu lassen. Sie sollten zumindest mit dem Grundanstrich auf beiden Seiten gestrichen werden, um ein Schüsseln (siehe Kap. Schnittarten) der Bretter zu verhindern.

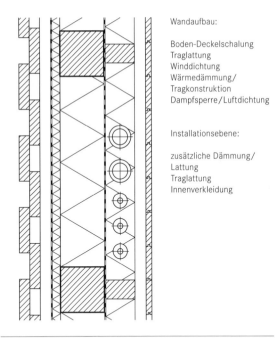

Wandaufbau:

Boden-Deckelschalung
Traglattung
Winddichtung
Wärmedämmung/
Tragkonstruktion
Dampfsperre/Luftdichtung

Installationsebene:

zusätzliche Dämmung/
Lattung
Traglattung
Innenverkleidung

Abb. 41: Installationsschicht

Innenverkleidung und Installation

Als Innenverkleidung kommen neben der Möglichkeit einer Bretterschalung Holzwerkstoffplatten in Frage, z. B. Sperrholz. Durch eine ein-
oder zweilagige Gipskartonverkleidung, auch als <u>Trockenputz</u> bezeichnet,
verbessert sich wegen der vergleichsweise höheren Rohdichte der Schallschutz der Außenwand.

Die Innenverkleidung wird entweder direkt auf der Tragkonstruktion
aufgebracht oder besser mittels einer Lattenunterkonstruktion befestigt,
wodurch eine einfachere lotrechte Ausrichtung, aber auch eine Hinterlüftung bei Holzverkleidung möglich ist.

Installationsarbeiten an der Außenwand stellen im Holzbau generell Installationsschicht
ein Problem dar. Um die bauphysikalisch geschlossene Hülle (Dampf- und
Luftdichtheit) nicht zu durchdringen, sollten Sanitär-, Heiz- und Elektro-
leitungen von der Außenwand ferngehalten und nach Möglichkeit in den
Innenwänden untergebracht werden. Da sich Leitungsführungen in der
Außenwand aber selten umgehen lassen, werden diese Stränge in einer
eigenen Schicht vor der Dampfdichtungsebene geführt. Durch Verstärken der Lattenunterkonstruktion auf 4 oder 6 cm bietet sich Raum für
Rohrquerschnitte. Gleichzeitig kann diese innere Raumschale als zusätzliche Wärmedämmebene genutzt werden. Für Bäder und Nasszellen sind
eigene Installationswände und -schächte zu planen. > Abb. 41

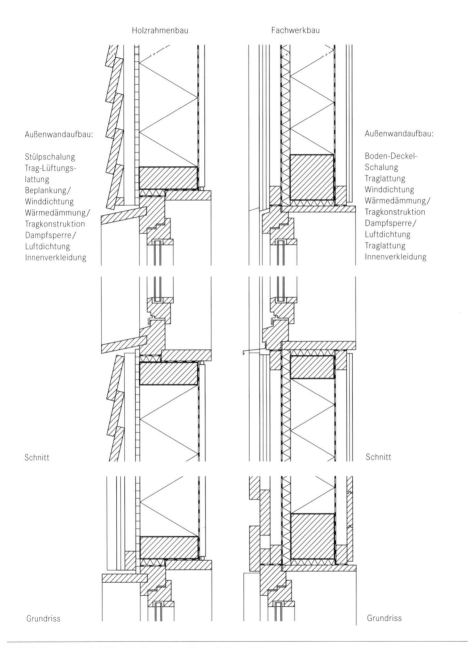

Holzrahmenbau Fachwerkbau

Außenwandaufbau:

Stülpschalung
Trag-Lüftungs-
lattung
Beplankung/
Winddichtung
Wärmedämmung/
Tragkonstruktion
Dampfsperre/
Luftdichtung
Innenverkleidung

Außenwandaufbau:

Boden-Deckel-
Schalung
Traglattung
Winddichtung
Wärmedämmung/
Tragkonstruktion
Dampfsperre/
Luftdichtung
Traglattung
Innenverkleidung

Schnitt

Schnitt

Grundriss

Grundriss

Abb. 42: Fassadendetails Fenster Holzrahmenbau – Fachwerkbau

Öffnungen

Um die bauphysikalische Wirkung der Gebäudehülle nicht zu schwächen, muss an Öffnungen wie Fenster und Türen der Schichtenaufbau der Wand aus Winddichtung, Wärmedämmung und Dampf- bzw. Luftdichtung konsequent und sorgfältig angeschlossen werden. Aber auch in gestalterischer Hinsicht verdient der Übergang der Holzverschalung zum Fenster besondere Aufmerksamkeit.

Die relativ stark profilierte Außenhaut der Stülpschalung findet im Detail in Abbildung 42, links, einen Abschluss an einer vierseitig umlaufenden Zarge, die fest mit dem Fensterstock verbunden ist. Am Sturz und an der Brüstung ist dieses Brett schräg gestellt, um das Ablaufen und Abtropfen des Regenwassers zu ermöglichen.

Die Hinterlüftung der Holzverschalung ist auch am Fensteranschluss sicherzustellen. Dazu muss die Abluft an der Brüstung und die Zuluft am Sturz ermöglicht sowie der Hinterlüftungsraum mit einem Insektenschutzgitter versehen werden. | Hinterlüftung

Im Innenanschluss wird die Fuge zwischen Fensterrahmen und Tragkonstruktion ebenfalls vierseitig umlaufend durch ein Brett abgedeckt. | Dampfsperre

Die Dampfsperre muss hier, ebenso wie außenseitig die Windsperre, dicht an den Fensterrahmen angeschlossen und die Fuge zwischen Fensterrahmen und Tragkonstruktion mit Wärmedämmung geschlossen werden.

Im Detail einer Fachwerkwand mit Boden-Deckelschalung > Abb. 42 rechts kann außenseitig auf eine umlaufende Zarge verzichtet werden. Das Fenster ist dazu nach außen in die Ebene der Schalung gerückt. Die senkrechte Fuge zwischen Schalung und Fenster wird durch das äußere Deckbrett der Schalung abgedeckt.

Die Winddichtungsfolie wird mit Hilfe einer Latte dicht an den Fensterstock angeschlossen. Am Sturz muss der Fensterstock schräg ausgefälzt werden, um den Anschluss der senkrechten Schalung zu ermöglichen. | Winddichtung

An der Innenseite wird die tiefe Leibung durch eine Zarge, die fester Bestandteil des Fensters ist, gefasst. Die Dampfsperre und Innenverkleidung schließen dicht daran an. Das außen positionierte Fenster wird mit Hilfe von verzinkten Stahlwinkeln an der Tragkonstruktion befestigt.

INNENWAND
Aufbau

Zu unterscheiden sind grundsätzlich tragende und nichttragende Innenwände. Tragende Innenwände übernehmen neben ihrer Eigenlast auch die Decken- und Dachlasten. Als tragend gelten auch aussteifende Wände. Sie sind fest in das Gesamttragsystem des Gebäudes eingebunden und müssen, wie die Außenwand, entweder durch Beplankung oder durch | Tragend, nichttragend

Streben als steife Wandscheibe ausgebildet werden. > Kap. Tragsysteme Nichttragende Wände haben in erster Linie die Funktion der Raumtrennung.

Innenwände sind in der Regel im gleichen Raster und nach dem gleichen Konstruktionssystem wie die Außenwand konstruiert. Die tragenden Rippen werden geschosshoch mit Schwelle und Rahmen zusammengeschlossen. Auf dem Rahmen, wenn es sich um eine Tragwand handelt,
liegen die Deckenbalken auf. Der Raum zwischen den Deckenbalken muss
wie die Innenwandkonstruktion abgeschlossen werden.

Anders als bei der Außenwand sind die bauphysikalischen Aufgaben
der Innenwände in erster Linie auf den Schall- und Brandschutz aus-
gerichtet. Der Wärmeschutz spielt im Gebäudeinneren zwischen beheiz-
ten Räumen keine Rolle. Die Wandstärke muss darum nicht nach dem
Wärmeschutz dimensioniert werden.

Schallschutz Der Schalldämmwert der Wand wird in erster Linie durch sein Flä-
chengewicht bestimmt. Je nach Stärke der Beplankung mit Werkstoffen
mit möglichst hoher Rohdichte, wie Gipskarton- oder Spanplatten, erhöht
sich das Schalldämmmaß der Innenwand. Einen wesentlichen Beitrag zur
Schalldämmung liefert die Hohlraumbedämpfung. Dazu wird der Hohlraum der Gefache mit Mineral- oder Kokosfaser gefüllt. Die Beschrän-
kung auf die Hälfte bis zwei Drittel der Wandstärke ist ausreichend,
dadurch verbleibt Platz für Installationsleitungen. Bis die Installationsarbeiten abgeschlossen sind, bleibt die Innenwand einseitig offen. Bei
Dämmung mit Zellulose können erst bei geschlossener Kammer die
Dämmflocken eingeblasen werden.

Bei besonders hohen Schalldämmanforderungen ist eine zweischalige Wandkonstruktion nötig, bei der eine Wandschale gelenkig befestigt
ist und so die Körperschallübertragung von einer Raumseite zur anderen
○ vermieden wird.

○ **Hinweis:** In Feuchträumen müssen als Wandbaustoffe besonders verleimte Holzwerkstoffplatten oder
imprägnierte, in Deutschland mit grüner Farbe gekenn-
zeichnete Gipskartonplatten eingesetzt werden. Gipsfaserplatten lassen sich ohne Zusatzbehandlung in
Feuchträumen verwenden. Als Tragschicht für Fliesen
sind zwei Lagen Gipskartonplatten bei einem Rippen-
abstand von über 42 cm erforderlich.

Einbindung

Ein besonderes Augenmerk muss auf die Verbindung von Innenwand und Außenwand gelegt werden. Neben der kraftschlüssigen gegenseitigen Verankerung von Außenwand und Innenwand muss an der Innenecke sichergestellt sein, dass ein ausreichend breiter Befestigungsgrund für die Innenverkleidung gegeben ist.

Im Holzrahmenbau erfolgt der Wandanschluss meist unabhängig vom Konstruktionsraster und wird allein von einer funktionalen Raumaufteilung bestimmt. Zu diesem Zweck werden in der Außenwand zwei

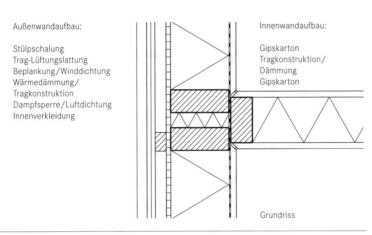

Außenwandaufbau:

Stülpschalung
Trag-Lüftungslattung
Beplankung/Winddichtung
Wärmedämmung/
Tragkonstruktion
Dampfsperre/Luftdichtung
Innenverkleidung

Innenwandaufbau:

Gipskarton
Tragkonstruktion/
Dämmung
Gipskarton

Grundriss

Abb. 43: Innenwandanschluss Holzrahmenbau

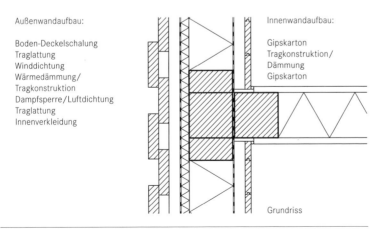

Außenwandaufbau:

Boden-Deckelschalung
Traglattung
Winddichtung
Wärmedämmung/
Tragkonstruktion
Dampfsperre/Luftdichtung
Traglattung
Innenverkleidung

Innenwandaufbau:

Gipskarton
Tragkonstruktion/
Dämmung
Gipskarton

Grundriss

Abb. 44: Innenwandanschluss Fachwerkbau

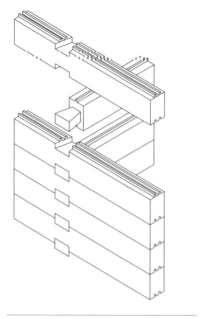

Abb. 45: Innenwandanschluss Blockbau

zusätzliche Pfosten eingebaut, damit einerseits eine kraftschlüssige Verbindung mit der Außenwand möglich und andererseits auch eine Befestigungsmöglichkeit für die innere Wandverkleidung geschaffen ist.
> Abb. 22, Seite 43, und Abb. 43

Im Fachwerkbau ist die Einteilung der Innenwände auf das Konstruktionsraster der tragenden Pfosten abgestimmt. Der Wandanschluss liegt also in der Achse eines Fachwerkpfostens. Dieser wird beidseitig mit sogenannten Klebepfosten verstärkt, an denen die Innenverkleidung befestigt wird. > Abb. 44

Die Verbindung von Innenwand und Außenwand im Blockbau wird, ähnlich wie an der Außenecke, mit einer Überblattung hergestellt. Die zugfeste Verankerung beider Wände wird mit einem Kamm oder mit einem Schwalbenschwanz gesichert. > Kap. Blockbau Durch die Schwalbenschwanzverbindung zeichnet sich die Innenwand durch das sichtbare Hirnholz außen ab. > Abb. 45

DECKEN

Deckenkonstruktionen aus Holz werden als Balkendecken oder als Massivholzdecken ausgeführt. Im traditionellen Stabbau herrscht wegen des sparsameren Holzverbrauchs die Balkendecke vor. Aus ähnlichen Gründen wie im Holztafelbau – in erster Linie, um eine raschere Montage

 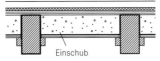 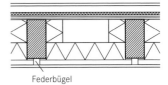

einschalig	zweischalig	dreischalig
Aufbau:	Aufbau:	Aufbau:
Bodenbelag/Nutzschicht	Bodenbelag/Nutzschicht	Bodenbelag/Nutzschicht
Deckenschalung	Estrich	Estrich
Deckenbalken	Trittschalldämmung	Trittschalldämmung
	Deckenschalung	Deckenschalung
	Einschub (Schüttung)	Hohlraumdämmung
	Rieselschutzfolie	Deckenbalken
	Deckenbalken	Traglattung (federnd gelagert)
	Innenverkleidung (auf Lattung)	Innenverkleidung

Abb. 46: Ein-, zwei- und dreischalige Konstruktionen

zu ermöglichen – werden in jüngster Zeit häufig Deckensysteme aus vorfabrizierten Massivholzelementen im Holzbau eingesetzt.

Balkendecken

Eine wichtige Rolle bei der Konstruktion von Holzbalkendecken spielt Schallschutz
der Schallschutz. Unterschieden wird dabei zwischen Körperschall und
Luftschall. Körperschallübertragung findet beispielsweise beim Auftritt
auf der Decke statt.

Quellen der Luftschallübertragung sind z. B. die menschliche Stimme
im Raum, Geräusche aus dem Radio, Fernsehgerät oder Ähnliches.

> O **Hinweis:** Man spricht von einer schwimmenden Konstruktion, wenn der Fußbodenbelag durchgängig von der Decke und den Seitenwänden getrennt ist. Wichtig ist dabei, dass es auch an den Rändern keine Schallübertragung über die Wände gibt. Dazu ist neben der horizontal verlegten Trittschalldämmung auch im Anschluss zur Wand ein Randdämmstreifen senkrecht einzubauen (siehe Abb. 49, Seite 79).

Aufbau

In Hinsicht auf ihre Eigenschaften gegenüber Schallübertragung wird zwischen ein-, zwei- und dreischaligen Deckenkonstruktionen unterschieden.

Körperschall Beim einschaligen Aufbau besteht direkter Kontakt von Fußbodenbelag und Tragkonstruktion, also eine ungehinderte Körperschallübertragung beim Begehen der Decke.

In der zweischaligen Konstruktion sind Belag und Tragkonstruktion durch eine Trittschalldämmung entkoppelt. Der Bodenbelag benötigt dazu eine eigene Tragschicht, den Estrich, der im Holzbau konsequenterweise als Trockenestrich eingebaut wird. Trockenestriche werden zum Beispiel aus zweilagigen Gipsfaserplatten oder Spanplatten > Kap. Holzwerkstoffe ausgeführt. > Abb. 46 und 48

Luftschall Um erhöhte Anforderungen an den Luftschallschutz erfüllen zu können, also um beispielsweise Schlafräume von besonders lärmintensiven Räumen abzuschotten, wird eine dreischalige Konstruktion ausgeführt, bei der eine untergehängte Decke gelenkig mit sogenannten Federbügeln (federnden Blechstreifen) an der Unterseite der Balken befestigt wird. Die direkte Übertragung der Schallwellen durch die in Schwingung geratene Decke wird auf diese Weise unterbrochen.

Der Luftschallübertragung kann in erster Linie durch Erhöhung des Flächengewichts entgegengewirkt werden. Dazu werden Materialien mit relativ hoher Rohdichte in den Deckenaufbau integriert: entweder als Auflage auf der Deckenschale oder als Einschub zwischen den Deckenbalken.

Einschub Als Einschub kommt ein speziell getrockneter Sand in Frage. > Abb. 46 Er wird von oben in eine Schalung zwischen den Deckenbalken eingebracht. Die sichtbare Höhe der Deckenbalken ist damit erheblich reduziert. Durch eine Trennfolie soll sichergestellt werden, dass der Sand nicht bei Schwingungen der Decke über die Fugen nach unten rieselt.

Zusätzlich können zur Erhöhung des Deckengewichts auf der Deckenschalung beispielsweise Gehwegplatten aus Beton aufgelegt und schubfest mit der Schalung verklebt werden. Darauf erfolgt der weitere Fußbodenaufbau, Trittschalldämmung, Estrich und der Belag.

Balkenlage

Spannweite Bei der Planung einer Holzbalkendecke sollte darauf geachtet werden, dass die Balken nach Möglichkeit über die kürzere Raumseite gespannt werden. Die maximale Stützweite für Vollholzbalken liegt bei etwa 5 m. Durchlaufende Balken über zwei oder mehr Felder sind wirtschaftlicher als Einfeldbalken.

Dimensionierung Die Tragfähigkeit eines Holzbalkens wird weniger von der Breite als von seiner Höhe beeinflusst. Deshalb werden, um eine relativ wirtschaftliche Ausnutzung der Holzquerschnitte zu erreichen, Holzbalken als stehende Formate eingebaut. Ein Seitenverhältnis von 1:2 oder mehr ist üblich. Die maximale Höhe von Kantholz beträgt 240 bis 280 mm.

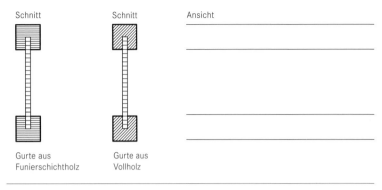

Schnitt	Schnitt	Ansicht
Gurte aus Funierschichtholz	Gurte aus Vollholz	

Abb. 47: TJI-Träger

Größere Höhen sind nur mit Brettschichtholz oder mit Trägern aus Holzwerkstoffen zu erreichen.

○ TJI-Träger

Ein besonders leistungsfähiges, aber auch kostengünstiges System stellt der sogenannte TJI-Träger dar, der vor allem im amerikanischen Holzbau sehr häufig eingesetzt wird. Der Name leitet sich vom Hersteller Trus Joist MacMillan, Idaho, ab. Das Doppel-T-Profil besteht aus Gurten aus Vollholz oder Furnierschichtholz mit einem eingeleimten Steg aus OSB-Platten. > Kap. Holzwerkstoffe Damit wird eine sehr hohe Tragkraft bei geringem Eigengewicht erreicht. Durch die große Trägerhöhe ist es relativ leicht, quer zur Balken- bzw. Trägerlage Installationsleitungen zu führen. Dazu werden werkseitig bereits Aussparungen vorgestanzt. Gewöhnlich werden Decken aus TJI-Trägern unterseitig verkleidet. > Abb. 47

Übliche Balkenabstände liegen bei 60 bis 70 cm. Im Holzbau ist aber eine Abstimmung des Balkenabstands auf das Konstruktionsraster sinnvoll, um nach Möglichkeit eine direkte Einleitung der Deckenlasten in die Tragpfosten zu erreichen.

Balkenabstand

○ **Hinweis:** Für die Dimensionierung von Holzbalkendecken kann eine grobe Annäherungsformel herangezogen werden.

Balkenhöhe h = Spannweite/20

Abb. 48: Deckensysteme – Balkendecke, Träger Skelettbau, TJI-Träger

Bei den meisten geschossweise konstruierten Holzbausystemen liegen die Balken auf der Wand. Die nötige Auflagertiefe kann aus dem Produkt Balkenhöhe × 0,7 ermittelt werden.

Auswechslungen Bei Durchdringungen mit Installationsschächten, Kamin oder Treppe sind Auswechslungen von tragenden Balken möglich, wie es auch beim Holzdachstuhl in der Sparrenlage geschieht. > Basics Dachkonstruktion, Tanja Brotrück <u>Wechselbalken</u> sind bündig in die Balkenlage integriert und werden mit Schlitz und Zapfen an die Balken angeschlossen. Die Verbindung wird üblicherweise mit einer <u>Klammer</u> aus Metall gegen Herausziehen gesichert. Aus Brandschutzgründen muss zwischen den Kaminwangen und den Holzbalken ein Sicherheitsabstand von 5 cm eingehalten werden.

Auflager

Im für die Holzrahmenbauweise typischen Detail > Abb. 49 bildet der ringförmig umlaufende Randbalken eine Art Rahmen für die Deckenbalken, der die schlanken Deckenbalken gegen Kippen sichert und gleichzeitig als Zug- und Druckglied, ähnlich einem <u>Ringanker</u>, im Gesamtsystem wirkt. Um eine <u>Scheibenwirkung</u> im statischen Sinne zu erreichen, müssen die Balken mit zur Aussteifung zugelassenen Platten, z. B. mit Sperrholz, beplankt werden. Dabei ist darauf zu achten, dass die Plattenstöße versetzt angeordnet sind, wodurch die Platten eine Art Verband wie im Mauerwerk bilden.

Dampfsperre Ein besonderes Problem ergibt sich aus der sich über die gesamte Außenwand erstreckenden Dampfsperre. Damit die Sperrwirkung am Deckenauflager nicht unterbrochen wird, muss die Dampfsperrfolie um den Deckenrand herumgeführt und von einem Geschoss zum anderen verbunden werden. Ebenso sollte beachtet werden, dass die Dämmebene am Deckenauflager nicht unterbrochen oder geschwächt wird, um eine Tauwasserbildung nicht nur in der Wand, sondern auch am Deckenauflager auszuschließen. > Kap. Bauphysik

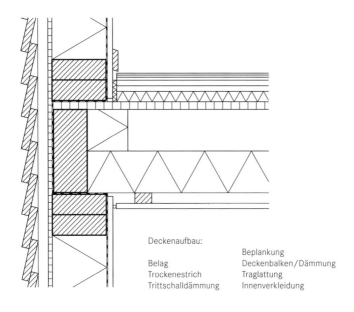

Deckenaufbau:

Belag
Trockenestrich
Trittschalldämmung

Beplankung
Deckenbalken/Dämmung
Traglattung
Innenverkleidung

Abb. 49: Deckenauflager Holzrahmenbauweise

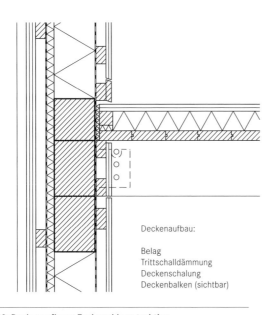

Deckenaufbau:

Belag
Trittschalldämmung
Deckenschalung
Deckenbalken (sichtbar)

Abb. 50: Deckenauflager Fachwerkkonstruktion

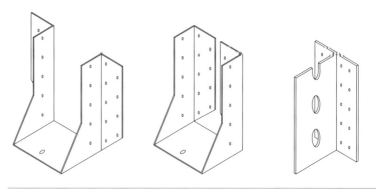

Abb. 51: Balkenschuhe, Balkenträger

Balkenschuhe/
Balkenträger

Im Detail der Abbildung 50 wird die Balkenlage einer Fachwerkkonstruktion zwischen die Wände gehängt. Für diesen stumpfen Anschluss sind <u>Balkenschuhe</u> oder <u>Balkenträger</u> aus Stahl notwendig, die je nach Statik in verschiedenen Abmessungen im Handel angeboten werden.

Der auf Balkenhöhe durchlaufende Riegel ermöglicht den stumpfen Anschluss. Die Dampfsperre kann in diesem Fall in einer Ebene senkrecht durchgehen, muss aber dennoch dampfdicht an die Balkenschuhe bzw. Balkenträger angeschlossen werden. Im dargestellten Detail ist wegen der sichtbaren Holzbalkendecke ein Balkenträger eingesetzt.

Innenauflager

Wenn die Balken nicht wie dargestellt aufgehängt werden, sondern aufliegen sollen, besteht die Möglichkeit, vor die Konstruktion der Außenwand ein Innenauflager in Form einer weiteren inneren Tragebene zu schaffen, die gleichzeitig als zusätzliche Dämmebene, als Installationsschicht > Abb. 41, Seite 69 und als Unterkonstruktion für die Innenverkleidung genutzt werden kann.

○ **Hinweis:** Die Verwendung sichtbarer Balkenschuhe hängt davon ab, ob die Holzbalkendecke unterseitig verkleidet ist. Sonst werden bei sichtbaren Deckenbalken Balkenträger eingesetzt, die in Schlitze am Balkenkopf eingreifen und mit Hilfe quer dazu angeordneter Stabdübel (siehe Abb. 28, Seite 47, und Abb. 48 Mitte, Seite 78) den Balken an der Außenwand befestigen.

Massivdecken

In der Entwicklung der Holzbausysteme vom Blockbau zum Holz-skelettbau hat die Quantität des verwendeten Holzes stetig abgenommen. Inzwischen hat sich dieser Trend umgekehrt. > Kap. Tafelbau Mit veränderter Technologie wird mehr Holz eingesetzt. Dies betrifft besonders Geschossdecken, bei denen mit einer Reihe neuer Systeme die Vorteile massiver Konstruktionen in den Holzbau eingebracht werden. Zu den Vorteilen zählen:

— Kürzere Montagezeiten
— Einfache, meist industrielle Herstellung
— Schlankere Querschnitte (Konstruktionshöhe)
— Erhöhte Wärme- und Schalldämmung zwischen den Geschossen

Zusätzlich erleichtert die glatte Deckenunterkante den Anschluss an die Wände.

Die Deckenaufbauten unterscheiden sich prinzipiell nicht von Aufbauten der Balkendecken. Allerdings entfallen in der Regel Maßnahmen zur Verbesserung des Schall- und Wärmeschutzes, also Einschübe zwischen den Balken oder Aufbauten zur Erhöhung des Flächengewichts.

Zu den Massivholzkonstruktionen zählen auch Hohlkastenträger, die Hohlkastenträger aus Brettern industriell vorgefertigt und als Elemente erst auf der Baustelle zur Decke zusammengebaut werden. Dazu sind sie mit einer doppelten Nut und Feder versehen. Sie eignen sich besonders dort, wo große Spannweiten zu überbrücken sind.

Die industrielle Fertigung garantiert eine große Passgenauigkeit und Qualitätssicherung. Die Kastenelemente haben eine Standardbreite von 195 mm und sind in Standardlängen bis zu 12 m lieferbar. Sie sind je nach Spannweite in Höhen von 120 bis 280 mm, gestaffelt in Sprüngen von 20 mm, erhältlich.

Bei einer Belastung von 3 kN/m^2 gelten die Richtwerte nach Tabelle 9.

Tab. 9: Richtwerte der Dimensionierung von Hohlkastenträgern

Spannweite	Elementhöhe
3,8 m	120 mm
4,5 m	140 mm
5,2 m	200 mm

Die Brettstapelbauweise, gelegentlich auch als Lamellenkonstruk- Brettstapelbauweise tion bezeichnet, nutzt die Seitenbretter des Stammes und das ausgeforstete Schwachholz, das als Balken und Kantholz keine Verwendung findet.

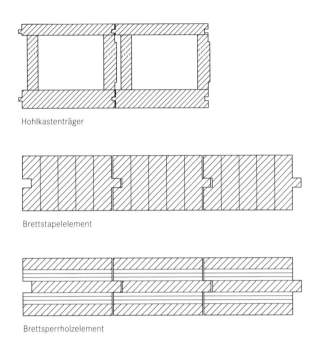

Hohlkastenträger

Brettstapelelement

Brettsperrholzelement

Abb. 52: Hohlkastenträger, Brettstapelelement, Brettsperrholzelement (Dickholz)

Die Bretter sind längs gespannt und werden stehend ohne Verleimung durch seitliche Nagelung nach festem Nagelschema zu Decken- oder Wandelementen verbunden. Längsstöße der Bretter müssen versetzt angeordnet werden. An der Baustelle werden die Elemente, die an den Längsseiten mit besonderen Fälzungen versehen sind, zum Gesamtbauteil verbunden. > Abb. 52

Brettstapelelemente sind besonders während der Bauzeit vor Feuchtigkeit zu schützen, da eindringendes Niederschlagswasser in der Summe der Bretter ein für jede Einbausituation unverträgliches Quellmaß ergibt.

Je nach Hersteller werden sie in Standardabmessungen angeboten: in der Dicke von 100 bis 220 mm, der Breite bis 2500 mm und der Länge bis 17 m.

Bei einer Belastung von 3 kN/m^2 gelten die Richtwerte nach Tabelle 10.

Brettsperrholz   Brettsperrholz, auch Dickholz genannt, besteht aus kreuzweise miteinander verklebten, keilgezinkten, 17 oder 27 mm dicken Brettlagen aus Nadelholz. Aufgrund der Absperrwirkung sind die Elemente sehr formstabil und eignen sich darum auch sehr gut als Wandbaustoff. Zur

Tab. 10: Richtwerte der Dimensionierung von Brettstapelelementen

Spannweite	Elementhöhe
3,6 m	100 mm
4,3 m	120 mm
5,0 m	140 mm

Tab. 11: Richtwerte der Dimensionierung von Brettsperrholz

Spannweite	Elementhöhe
3,8 m	115 mm
4,6 m	142 mm
6,4 m	189 mm

Verbesserung der Oberfläche können die Decklagen auch aus anderen Werkstoffen hergestellt werden.

Die Plattendicken liegen je nach Decklage und Schichtzahl zwischen 51 und 297 mm.

Die maximale Breite beträgt 4,8 m. Objektbezogen werden die Elemente bis zu einer Länge von maximal 20 m gefertigt. Dadurch ist es möglich, bei Verwendung als Wandelement Wandhöhen bis zu vier Geschossen zu errichten.

Bei einer Belastung von 3 kN/m² gelten die Richtwerte nach Tabelle 11.

Alle drei beschriebenen Massiv-Deckensysteme werden nach ähnlichem Prinzip auch als massiver Wandbaustoff im Holzbau, häufig unter der Bezeichnung Blocktafelbau, eingesetzt. Neben den beschriebenen Systemen nimmt die Zahl neuer Produkte auf dem Markt ständig zu. Das Prinzip des Wandaufbaus ist ähnlich wie im modernen Blockbau. Die tragende, massive Wand erhält außenseitig eine Wärmedämmung und eine Wetterschutzschale.

DACH

Ein Stück Holzbau gehört auch zu den meisten Mauerwerksbauten. Geneigte Dächer sind, vor allem im Einfamilienhausbau, in der Regel als Holzdachstühle, ausgeführt. Genauer betrachtet stellt aber der Holzdachstuhl auf dem Mauerwerksbau eine Mischbauweise dar, in der zwei unterschiedliche Systeme, Leichtbau und Massivbau, Trockenbauweise und der mit feuchtem Mörtel errichtete Mauerwerksbau, zusammentreffen.

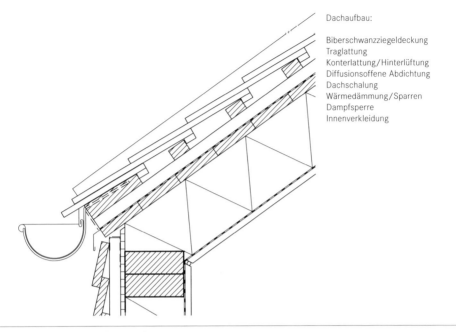

Dachaufbau:

Biberschwanzziegeldeckung
Traglattung
Konterlattung/Hinterlüftung
Diffusionsoffene Abdichtung
Dachschalung
Wärmedämmung/Sparren
Dampfsperre
Innenverkleidung

Abb. 53: Traufe ohne Dachüberstand

Geneigte Dächer

Im Holzbau werden das geneigte Dach und die Wand nach einem gemeinsamen Prinzip aufgebaut.

Schichten   Die Aufgaben und die Reihenfolge der Schichten, von außen gesehen: <u>Wetterschutzschale</u> mit Unterkonstruktion, <u>Dichtung</u> bzw. Winddichtung, <u>Dämmebene</u>, <u>Dampfsperre</u> und <u>Innenverkleidung</u>, sind identisch. Das Ziel ist es aber, diese Schichten am Übergang von Dach zur Wand so zusammenzuschließen, dass eine durchgehende Hülle für alle bauphysikalischen Funktionen ohne Unterbrechungen oder Schwachstellen hergestellt wird.

> ○ **Hinweis:** Hier sei nochmals auf den Band *Basics Dachkonstruktion* von Tanja Brotrück hingewiesen, in dem die nachfolgend verwendeten Begriffe erklärt sind.

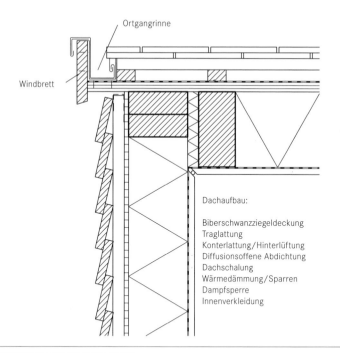

Ortgangrinne

Windbrett

Dachaufbau:

Biberschwanzziegeldeckung
Traglattung
Konterlattung/Hinterlüftung
Diffusionsoffene Abdichtung
Dachschalung
Wärmedämmung/Sparren
Dampfsperre
Innenverkleidung

Abb. 54: Ortgang ohne Dachüberstand

Außerdem müssen in diesem Schnittpunkt die <u>Dachlasten</u>, die aus $\quad$ Verankerung
dem Eigengewicht der Dachkonstruktion und im Winter zusätzlich aus
Schneelasten bestehen, auf die Außenwand übertragen werden. Gleichzeitig wird das Dach auf den Außenwänden verankert, um die <u>Sogkräfte</u>
des Windes, denen besonders das Dach ausgesetzt ist, aufnehmen zu
können.

Neben diesen zahlreichen technischen Anforderungen darf aber der
gestalterische Anspruch, der an diese Punkte besteht, nicht vergessen
werden. Traufe und Ortgang eines Gebäudes prägen ganz besonders
seine Architektur. Eine wesentliche Rolle spielt dabei die Frage, ob das
Dach mit oder ohne Überstand ausgeführt wird.

Die in den Abbildungen 53 und 54 dargestellten Detailschnitte zei- $\quad$ Bauphysik
gen eine relativ einfache Lösung des Übergangs von Dach und Wand,
denn sämtliche Schichten können problemlos ineinander übergeführt
werden. Die innenseitige Gipskartonverkleidung an beiden Bauteilen wird
am Schnittpunkt zwar abgefugt, aber die dauerelastische Versiegelung
ist im Raum kaum wahrnehmbar, wenn die Farbe der Wand und der Fuge
angeglichen ist. Durch Verkleben der Folien an der Innenecke von Traufe

und Ortgang wird die dampf- und luftdichte Hülle des ausgebauten Dachraumes geschlossen.

Die Dämmebenen zwischen den Tragpfosten der Wand und den Sparren des Daches schließen direkt aneinander an. Die Rahmen der Längswand wie auch der Giebelwand bilden den oberen Abschluss.

Auflager

An der Traufe ist keine eigene Pfette wie im Mauerwerksbau erforderlich, denn die <u>Dachsparren</u> können unmittelbar auf der <u>Holzrahmenwand</u> aufliegen. Am Ortgang ist darauf zu achten, dass die Fuge zwischen Giebelwand und Randsparren dicht mit Dämmung ausgestopft wird, um eine gravierende Wärmebrücke zu vermeiden.

○

Außenhaut

Im Dach ist die Vollsparrendämmung mit einer Bretterschalung und der diffusionsoffenen Dachdichtung (Sd-Wert < 2 m) abgedeckt, an der Wand bildet die aussteifende Sperrholzplatte Abschluss und Schutz für die Wärmedämmung. Die äußere Haut von Dach und Wand wird hinterlüftet. Die Lufträume bilden jeweils ein eigenes, unabhängiges Lüftungssystem mit getrennter Zu- und Abluft.

Dachrand

Der Verzicht auf einen Dachüberstand betont das Volumen des Gebäudes und lässt es körperhafter erscheinen. Wand und Dach haben annähernd gleichen Anteil an der Raumwirkung des Baukörpers. Möglicherweise verstärkt sich diese Wirkung durch das verwandte Schuppenprinzip der Stülpschalung der Wand und der Biberschwanzdeckung auf dem Dach.

Der gegenüber dem Windangriff besonders exponierte Dachrand am Giebel wird mit einem <u>Windbrett</u> geschützt. Da keine Verschraubung im Hirnholz der Dachschalung zulässig ist, wird das Windbrett mit Hilfe eines verzinkten Flachstahlbügels auf der Dachschalung befestigt. Zwischen der Dachdeckung und dem Windbrett wird die auftretende Niederschlagsfeuchtigkeit in einer sogenannten <u>Ortgangrinne</u> aus Blech gesammelt und gezielt zur Traufe in die Dachrinne weitergeleitet.

○ **Hinweis:** Die Giebelwand wird nach oben nicht, wie alle anderen Wände des Gebäudes, durch einen waagrechten Rahmen abgeschlossen, sondern mit einem schräg in der Neigung des Daches verlaufenden Rahmen. In der Plandarstellung wird der Ortgang orthogonal geschnitten, wodurch sich keine verzerrten Querschnitte ergeben (siehe Abb. 54).

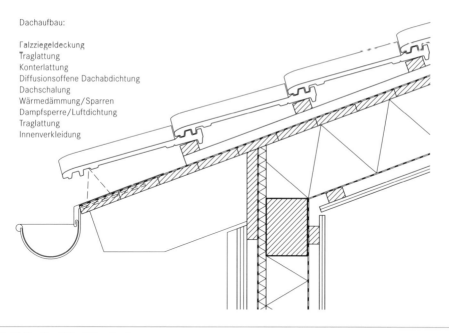

Dachaufbau:

Falzziegeldeckung
Traglattung
Konterlattung
Diffusionsoffene Dachabdichtung
Dachschalung
Wärmedämmung/Sparren
Dampfsperre/Luftdichtung
Traglattung
Innenverkleidung

Abb. 55: Traufe mit Dachüberstand

Dachüberstand   Ganz anders stellt sich die räumliche Wirkung des Baukörpers mit Dachüberstand dar. Das überstehende Dach ist vom restlichen Baukörper stärker abgelöst und erscheint eigenständiger. Die unterschiedlichen Materialsprachen der Dachdeckung und Wandverkleidung betonen die Autonomie beider Bauteile.

Der vierseitig umlaufende Dachüberstand übernimmt für die Wandverkleidung eine wichtige Schutzfunktion vor Niederschlägen und trägt ganz wesentlich zum konstruktiven Holzschutz des Gebäudes bei. Als Nachteil erscheint dagegen die Durchdringung der Außenhaut mit den Sparren. Durch die Abschrägung liegt der Sparrenkopf relativ geschützt unter der Dachhaut, und das empfindlichere Hirnholz ist nicht direkt der Witterung ausgesetzt.

Wandanschluss   Um das aufwendige Anpassen der senkrechten Boden-Deckel-Schalung an die Sparren zu vermeiden, endet die Schalung an der Unterkante der Sparren. Dafür wird zwischen den Sparren eine Bohle eingepasst, die gleichzeitig zur Befestigung des oberen Schalungsrandes dient. > siehe Detail, Abb. 55 und 56 Die Hinterlüftung der Außenschalung kann über den Luftraum zwischen dem inneren Brett und dem Deckbrett austreten.

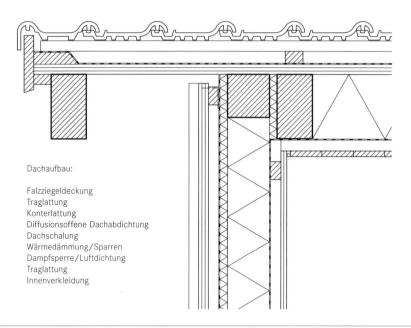

Dachaufbau:

Falzziegeldeckung
Traglattung
Konterlattung
Diffusionsoffene Dachabdichtung
Dachschalung
Wärmedämmung/Sparren
Dampfsperre/Luftdichtung
Traglattung
Innenverkleidung

Abb. 56: Ortgang mit Dachüberstand

Am Ortgang dagegen folgt die Wandschalung dem Dachrand und reicht bis knapp unter die Dachschalung, zu der allerdings ein Abstand von 2 bis 3 cm notwendig ist, um den Luftaustritt der Hinterlüftung zu gewährleisten. Der giebelseitige Dachüberstand ist nur mit Hilfe von auskragenden Pfetten möglich. Diese dienen als Auflager für den äußeren Sparren, den sogenannten <u>Flugsparren</u>, der nicht mehr innerhalb des Gebäudes aufliegen kann. Diese Aufgabe übernimmt der Fachwerkrahmen der Längswand. Er läuft als Fußpfette über die Giebelwand hinaus und trägt so auch die Flugsparren weiter. Das Rahmenholz ist je nach Weite der Auskragung zu dimensionieren. Der sonst quadratische Querschnitt wird besser durch ein stehendes Balkenformat ersetzt.

Anders als bei der flachen Biberschwanzdeckung ist im vorliegenden Ortgangdetail der Abbildung 56 keine <u>Ortgangrinne</u> notwendig. Die Aufgabe der Wasserableitung übernimmt ein spezieller <u>Ortgangziegel</u>, der entsprechend geformt ist. Zusammen mit dem Windbrett bildet er den Abschluss und den Schutz der Dachdeckung. Die Befestigung des Windbretts erfolgt durch seitliches Verschrauben an Leisten, die ober- und unterseitig den Schalungsrand verstärken.

Ortgang

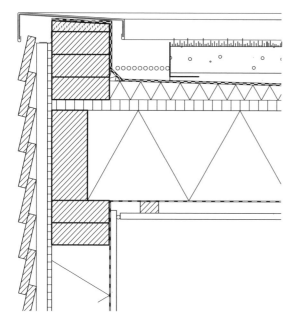

Dachaufbau:

Vegetationsschicht /
Filterschicht / Drainschicht /
Wurzelschutzschicht
Dachabdichtung
Gefälledämmung
Beplankung
Wärmedämmung / Balken
Dampfsperre
Traglattung
Innenverkleidung

Abb. 57: Flachdachrand Balkendecke – Holzrahmenbau

Flachdächer

Flachdächer gehören zu den prägenden Ausdrucksformen der modernen Architektur. Sie wurden meist im Kontext von Betonbauten ausgeführt. Mittlerweile ist das Flachdach auch ein selbstverständlicher Bestandteil des modernen Holzbaus.

Attika   Im Detail Abbildung 57 reicht die Außenhaut als horizontale Stülpschalung bis zum Dachrand, beim Flachdach auch Attika genannt. Ein Windbrett zum Schutz der Dachhaut, wie am Giebel geneigter Dächer, ist nicht notwendig. Diese Aufgabe übernimmt die Attika mit einem Überstand von mindestens 10 cm über die Dachhaut. Die Attika und die nach oben offene Fassadenverkleidung werden durch eine nach innen geneigte Blechabdeckung geschützt. Die Luft aus dem Hinterlüftungsraum der Fassade muss an dieser Stelle austreten können.

Auflager   Die Konstruktion und das Auflager der Dachdecke sind wie bei den Geschossdecken ausgeführt. <small>> Abb. 49</small> Auch die Attika aus zwei liegenden Holzquerschnitten erinnert an den Schwellenkranz auf den Geschossdecken.

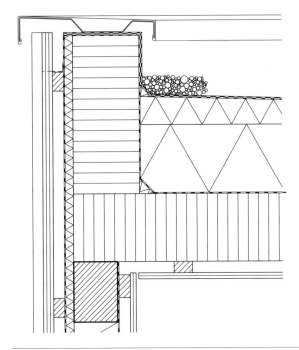

Dachaufbau:

Kiesschicht
Dachabdichtung
Gefälledämmung
Wärmedämmung
Dampfsperre
Brettstapelelement
Traglattung
Innenverkleidung

Abb. 58: Flachdachrand Brettstapeldecke – Fachwerkbau

Wie bei der Außenwand liegt die Dämmung zwischen den tragenden Balken der Dachdecke. Da aber der weitere Aufbau als <u>Warmdach</u>, d. h. ohne Durchlüftung, konzipiert ist, fällt der Dampfsperre auf der Innenseite der Dachdämmung eine besonders wichtige Rolle zu. Auf der Dachschalung wird zusätzlich eine Gefälledämmung aufgebracht, um eine kontinuierliche Neigung der wurzelfesten Dachabdichtung zu den Dacheinläufen herzustellen. Am besten ist dies mit einem geschütteten Granulat möglich. Durch diese Dämmebene werden auch eventuelle Schwachstellen der darunter liegenden Dachdämmung überbrückt.

Eine gewisse Kompensation der geringen Speicherwirkung der Dachdecke in Leichtbauweise leistet die <u>Dachbegrünung</u>. Vom Flachdachrand und von den Holzbauteilen muss die Begrünung aus Brandschutzgründen durch einen Kiesstreifen von mindestens 50 cm Breite getrennt werden.

Die in den Abbildungen 57 und 58 dargestellten Flachdachränder geben jeweils nur eine von vielen möglichen Detaillösungen wieder, die sowohl in der äußeren Gestaltung des Dachrandes als auch im Aufbau der Dachdecke variieren können.

Auch soll nicht vergessen werden, dass der Warmdachaufbau zwar eine häufig praktizierte Lösung ist, Flachdächer aber auch – ähnlich wie geneigte Dächer als Kaltdächer konstruiert werden können.

Die Ausführung der Dachdecke in Brettstapelbauweise > Kap. Decken kommt sowohl im Aufbau als auch im Detail einer Flachdachkonstruktion in massivem Stahlbeton sehr nahe. > Abb. 58

Die Massivholzausführung trägt zur Verbesserung des Wärmeschutzes und der Speicherwirkung der Dachdecke bei. Die Brettstapelelemente liegen auf dem Rahmen der Fachwerkwand auf, wobei die Aufkantung zur Attika ebenfalls in Brettstapelbauweise errichtet ist.

Aufbau   Über der Massivholzdecke ist ein Warmdachaufbau vorgesehen, ähnlich wie auf einem Flachdach aus Stahlbeton. Die Dampfsperre liegt in diesem Fall auf der Dachdecke unterhalb der Wärmedämmung. Die Dämmebenen von Wand und Dach sind nur mittelbar über die Massivholzbauteile verbunden. Die außen liegende Wärmedämmschicht vor der Tragkonstruktion verhindert die Bildung von Wärmebrücken.

Schlusswort

Am Ende des Bandes *Basics Holzbau* soll nochmals die Besonderheit des Materials Holz hervorgehoben werden, das Gottfried Semper in seinem Werk *Der Stil* im Kapitel *Tektonik* als den „Urstoff der Stabkonstruktionen" bezeichnet.

Holzbau bedeutet elementares Konstruieren nach konstruktiver Logik und klaren, nachvollziehbaren Gesetzen. Anders als in massiven Konstruktionen lässt sich der Fluss der Kräfte am Stabwerk der Holzkonstruktion unmittelbar ablesen und studieren.

Mit dem Verstehen des Holzbaus erschließen sich darüber hinaus viele andere Konstruktionssysteme der Architektur. Die Parallelität zur Stahlbauweise mit vergleichbarer Fügung von Stäben und Flächen ist unmittelbar spürbar. Ähnlich verhält es sich bei Metall-Glas-Fassaden, die das System der Pfosten-Riegel-Konstruktion des Holzbaus übernehmen. Auch das gegossene Material Beton schöpft mit Tragsystemen aus Stützen, Balken und Rippen aus den tektonischen Prinzipien des Holzbaus. Selbst die Tragwirkung einer massiven Stahlbetondecke lässt sich leichter begreifen, wenn man sich gedanklich die Funktion der Bewehrung – des tragenden Stabstahls – in Holzbalken übersetzt.

Viele Architekturschulen haben aus diesem Grund den Holzbau an den Anfang der Ausbildung gestellt. Er dient beispielhaft dem Verständnis grundlegender Konstruktionsprinzipien und stellt ein vielseitiges und einzigartiges Arbeitsfeld dar.

Anhang

NORMEN

Holzbau allgemein

DIN 1052	Entwurf, Berechnung und Bemessung von Holzbauwerken
DIN 68100	Toleranzsystem für Holzbe- und -verarbeitung
ÖNORM B 2215	Zimmermeister- und Holzbauarbeiten
ÖNORM B 2217	Bautischlerarbeiten
ÖNORM B 2320	Wohnhäuser aus Holz – Technische Anforderungen
ÖNORM B 4100	Holzbau: Holztragwerke – Berechnung und Ausführung
SIA 265	Holzbau Schweizer Ingenieur- und Architektenverein 2003

Baustoff Holz

DIN 4070-1	Nadelholz; Querschnittsmaße und statische Werte für Schnittholz, Vorratskantholz und Dachlatten
DIN 4070-2	Nadelholz; Querschnittsmaße und statische Werte. Dimensions- und Listenware
DIN 4074-1	Sortierung von Holz nach der Tragfähigkeit; Nadelschnittholz
DIN 18203-3	Toleranzen im Hochbau; Bauteile aus Holz und Holzwerkstoffen
DIN 68364	Kennwerte von Holzarten; Festigkeit, Elastizität, Resistenz
DIN 68365	Bauholz für Zimmerarbeiten; Gütebedingungen
DIN EN 338	Bauholz für tragende Zwecke – Festigkeitsklassen
DIN EN 384	Bauholz für tragende Zwecke – Bestimmung charakteristischer Festigkeits-, Steifigkeits- und Rohdichtwerte
DIN EN 1912	Bauholz für tragende Zwecke – Festigkeitsklassen – Zuordnung von visuellen Sortierklassen und Holzarten

Holzschutz

DIN 68800-2	Holzschutz; Vorbeugende bauliche Maßnahmen im Hochbau
DIN 68800-3	Holzschutz; Vorbeugender chemischer Holzschutz
DIN 68800-4	Holzschutz; Bekämpfungsmaßnahmen gegen holzzerstörende Pilze und Insekten
DIN 68800-5	Holzschutz im Hochbau; Vorbeugender chemischer Holzschutz von Holzwerkstoffen
ÖNORM B 3801 f.	Holzschutz im Hochbau
SIA 3005	Holz im Außenbereich – Anwendungen, Holzschutz, Schadensvermeidung 2002

Abdichtung

DIN 18195-4	Bauwerksabdichtungen
ÖNORM B 2209	Abdichtungsarbeiten

Brandschutz

DIN 4102	Brandverhalten von Baustoffen und Bauteilen
ÖNORM B 3800	Brandverhalten von Baustoffen und Bauteilen
ÖNORM EN 3501	Klassifizierung von Bauprodukten und Bauarten zu ihrem Brandverhalten

Schallschutz

DIN 4109	Schallschutz im Hochbau
ÖNORM B 8115	Schallschutz und Raumakustik im Hochbau
SIR 181	Schallschutz im Hochbau

Wärmeschutz

DIN 4108	Wärmeschutz und Energieeinsparung in Gebäuden
ÖNORM B 8110	Wärmeschutz im Hochbau
ÖNORM B 2260	Dämmarbeiten
SIR 180	Wärme- und Feuchteschutz im Hochbau
SN EN ISO	Wärmebrücken im Hochbau

LITERATUR

Arbeitsgemeinschaft Holz e.V. (Hrsg.): *Holzbau – Handbuch, Reihe 1 bis 6,* Informationsdienst Holz, Düsseldorf

Bayerisches Staatsministerium des Innern – Oberste Baubehörde (Hrsg.): *Wohnungen in Holzbauweise, Wohnmodelle Bayern, Band 2,* 2., erweiterte Auflage, Karl Krämer Verlag, Stuttgart und Zürich 2002

Werner Blaser: *Holz-Haus,* 2., erweiterte Auflage, Wepf & Co. Verlag, Basel 1985

Andrea Deplazes (Hrsg.): *Architektur konstruieren,* 4., erweiterte Auflage, Birkhäuser Verlag, Basel 2013

Manfred Gerner: *Handwerkliche Holzverbindungen der Zimmerer,* Deutsche Verlagsanstalt, Stuttgart 1992

Manfred Hegger, Volker Auch-Schwelk, Matthias Fuchs, Thorsten Rosenkranz: *Baustoff Atlas,* Birkhäuser Verlag, Basel 2013

Thomas Herzog, Michael Volz, Julius Natterer, Wolfgang Winter, Roland Schweizer: *Holzbau Atlas,* 2. Auflage, Birkhäuser Verlag, Basel 2013

Theodor Hugues, Ludwig Steiger, Johann Weber: *Holzbau,* Edition Detail, München 2002

Josef Kolb: *Holzbau mit System,* 3., aktualisierte Auflage, Birkhäuser Verlag, Basel 2010

Heike Landsberg, Stephen Pinkau: *Holzsysteme für den Hochbau,* Kohlhammer Verlag, Stuttgart, Berlin, Köln 1999

Wolfgang Ruske: *Holzbau für Gewerbe, Industrie, Verwaltung,* Birkhäuser Verlag, Basel 2004

Anton Steurer: *Entwicklung im Ingenieurholzbau. Der Schweizer Beitrag,* Birkhäuser Verlag, Basel 2006

BILDNACHWEIS

Abbildungen 11, 15, 18, 24: Theodor Hugues
Abbildung 14: Ludwig Steiger
Abbildung 23: Jörg Weber
Abbildung 36: Anja Riedl
Abbildung 39: Anja Riedl/Jörg Rehm
Abbildung 48: Ludwig Steiger/Jörg Weber
Abbildung Seite 12: Johann Weber
Abbildungen Seiten 28, 67: Jörg Weber
Abbildung Seite 87: Architekturbüro Fischer + Steiger
Alle Zeichnungen: Florian Müller

DER AUTOR

Ludwig Steiger, Dipl. Ing. Univ., Architekt, Dozent für Baukonstruktion und Innenausbau an der TU München, Mitinhaber des Architekturbüros Fischer + Steiger in München.

Reihenherausgeber: Bert Bielefeld
Konzept: Bert Bielefeld, Annette Gref
Layout und Covergestaltung: Andreas Hidber
Satzherstellung und Produktion: Amelie Solbrig
Projektmanagement: Odine Oßwald

Papier: MultiOffset, 120 g/m^2
Druck: Hubert & Co GmbH & Co. KG

Library of Congress Cataloging-in-Publication data
A CIP catalog record for this book has been applied for at the Library of Congress.

Bibliografische Information der Deutschen Nationalbibliothek
Die Deutsche Nationalbibliothek verzeichnet diese Publikation in der Deutschen National-bibliografie; detaillierte bibliografische Daten sind im Internet über http://dnb.dnb.de abrufbar.

ISBN 978-3-0346-1329-3

e-ISBN (PDF) 978-3-0356-1256-1
e-ISBN (EPUB) 978-3-0356-1174-8
Englisch Print-ISBN 978-3-7643-8102-8
Französisch Print-ISBN 978-3-0346-1330-9

© 2019 Birkhäuser Verlag GmbH, Basel
Postfach 44, 4009 Basel, Schweiz
Ein Unternehmen der Walter de Gruyter GmbH, Berlin/Boston

9 8 7 6 5

www.birkhauser.com